伊能図探検

伝説の古地図を
200倍楽しむ

河出書房新社編集部 編
モリナガ・ヨウ 絵

河出書房新社

はじめに
伊能図でトコトン遊ぼう

伊能図とは、伊能忠敬が江戸後期に作った日本地図のこと。科学的な測量に基づいて作られた日本で初めての地図である。描かれた日本列島の輪郭を見ると、現代の地図とほとんど同じ。約200年前にこれほど正確な地図が作られていたとは、びっくり仰天である。

さて、これまで伊能忠敬というと、不遇な生い立ちにくじけずビジネスで成功して、50歳をすぎて測量に取り組んだその人生ばかりが注目されてきた。しかし、本書では地図そのものに注目したい。

じっくりディテールを読みこみつつ、現代の地図と照らし合わせてみると、とても興味深い。地震や噴火で変化した地形、埋め立てられた海辺、大都市に変貌した村、ダムに沈んだ集落など……。知られざる歴史を教えてくれるとともに、これからの未来も見えてくる。災害復興や地域格差など、現代のさまざまな課題にヒントをくれるアクチュアルな地図なのである。

2018年は忠敬の没後200年にあたる。昔の噴火の痕跡を見つけにいくもよし。消えかけた峠道を探しにいくもよし。伊能図を持って町や海や山へ出かけてみよう。きっと忠敬も喜ぶにちがいない。

⇩伊能図探検の手はじめに佐原の伊能忠敬記念館に行ってみた！
忠敬の生家。
お家敷だ
←記念館。周囲の保存町並みに溶けこんでいる感じ。

佐原の町並み。タイムスリップ感が
地図合印《あいじるし》
地図記号のハンコ!
宿駅は○とかお寺は△とか。
個人的に面白かったのは「国界《くにざかい》」の合印。街道のところに押されるようで必要最低限というか、当時の感覚を直に感じました。
国界
超ハイカラなコンパスローズ(方位印)
これで他の紙と合わせる目印でもある
たいへんにみっちり丁寧な蔵書リストに
これだけのことを成す偉人の一片を見る思いだった。細かくて真面目な人だったんだろうなあ。
水郷なのであちこち水路があります
これは「野帳」。測量メモなので、忠敬測量隊と旅をして、いまここにいると。
(それらしく模写)
◎どうやって作ったのだろう? どうやって見ればいいんだろう?
さらなる探検に出かけよう
生家にある忠敬像
御用
伊能図を通して何が見えてくるのだろう?
忠敬の地図と、現在の技術で作った地図を重ねた展示から。
ほとんど同じ。わずかに経度にズレが生じているのは、緯度より経度の計測の難度が高かったかららしい。
忠敬にまつわる品がたくさん展示されていた。……地味に国宝が多い。
㊞18.

Contents

Part 2 伊能図と今の町、比べてみたら25選

Part 3 伊能図はこんな研究で使われている

Column 地図だけじゃない！

Part 1

伊能図はおもしろい！

歴史①

伊能図は世界でも最上級レベルの本格的実測による地図だった

1

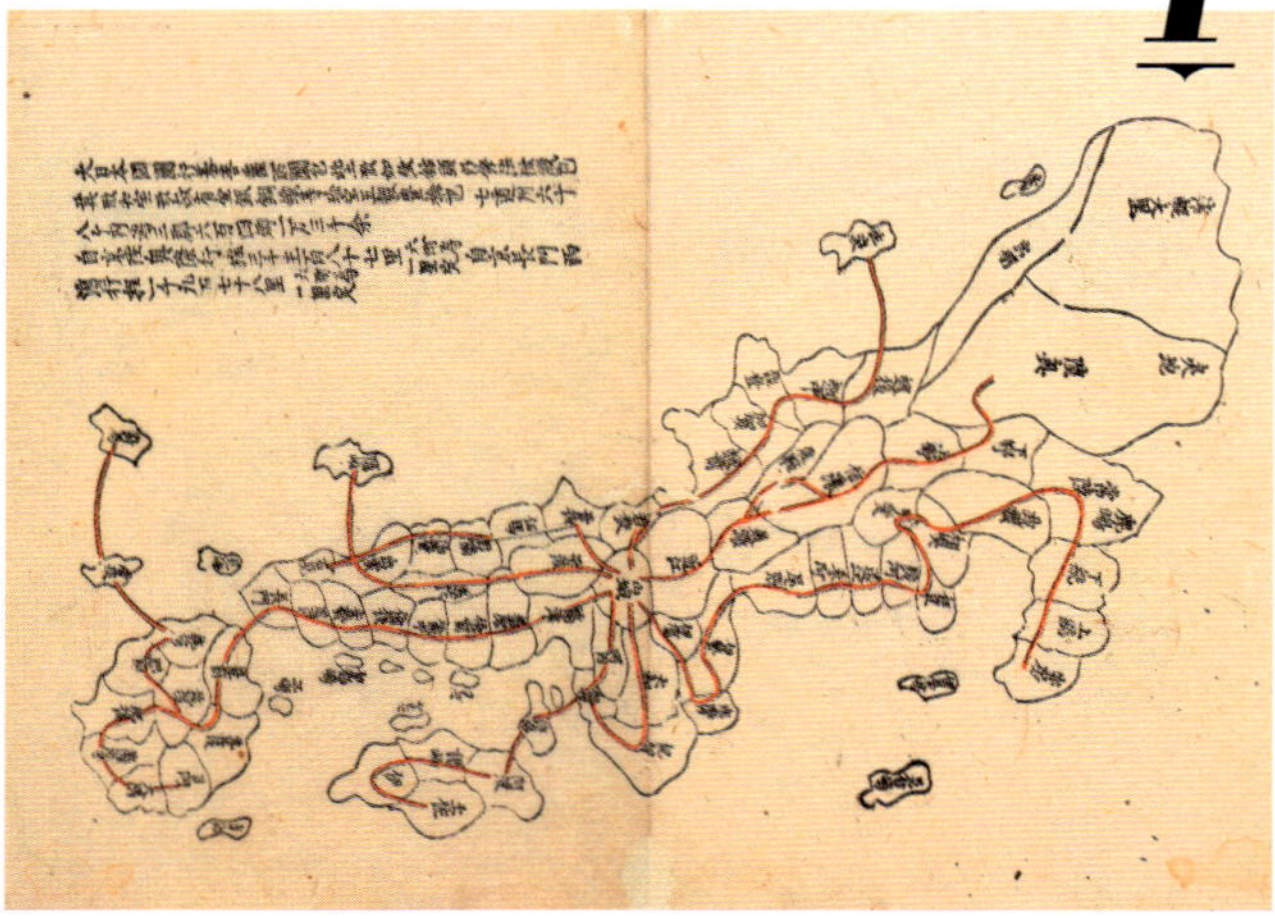

行基図
平安時代～江戸時代初期

国名と主要街道のみが記された簡略な地図。嘉元3（1305）年の「日本図」（仁和寺所蔵）が現存する最古とされる。僧・行基が作成したとの伝承があり、「行基図」と総称された。図は、慶長年間（1596～1615）の『拾芥抄（しゅうがいしょう）』に収録されているもの（明治大学図書館所蔵）。『拾芥抄』は鎌倉時代中期に成立し、随時増補された百科事典。

2

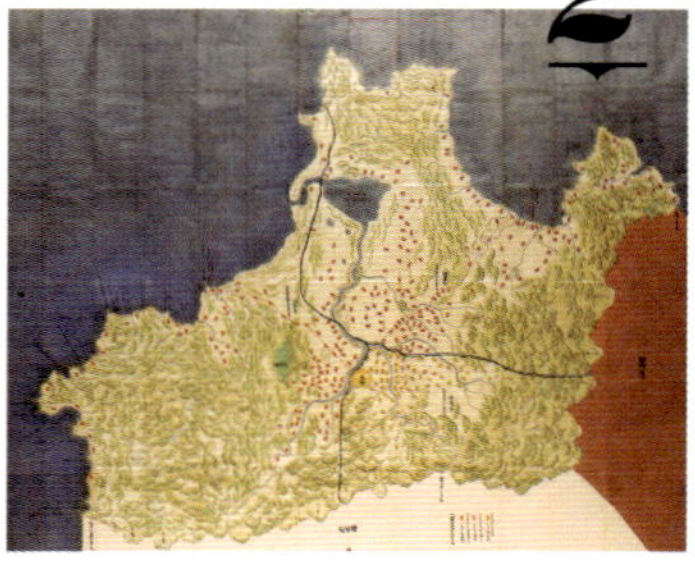

正保国絵図
正保年間（1644～48）

江戸幕府は、慶長、正保、元禄、天保の4期に諸大名に命じて国絵図を作らせた。1里（約4km）＝6寸（約18cm）で、縮尺は2万1600分の1。俵形の部分に村名と村高を記すなどの基本が定められていた。「陸奥国津軽郡之絵図」（青森県立郷土館所蔵）。

正保日本図
正保年間（1644～48）

3

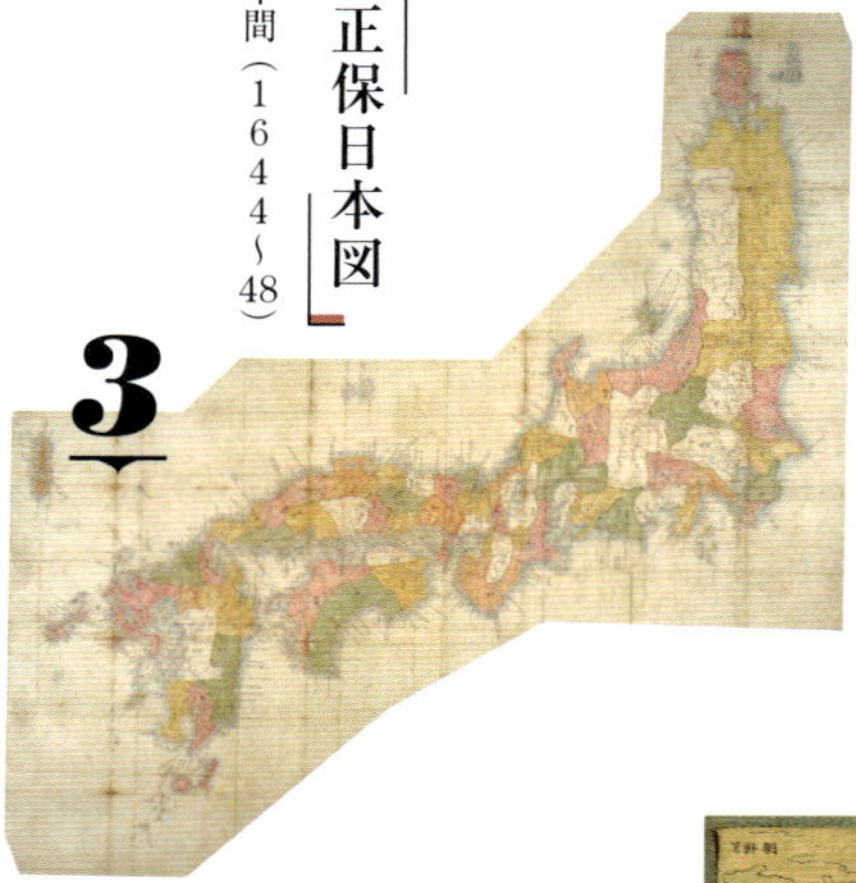

諸国から提出された国絵図をもとに、幕府が兵学者・北条氏長に命じて作らせたとされる日本全図。縮尺は約43万分の1。国立歴史民俗博物館所蔵。

本朝図鑑綱目（流宣図）
貞享4（1687）

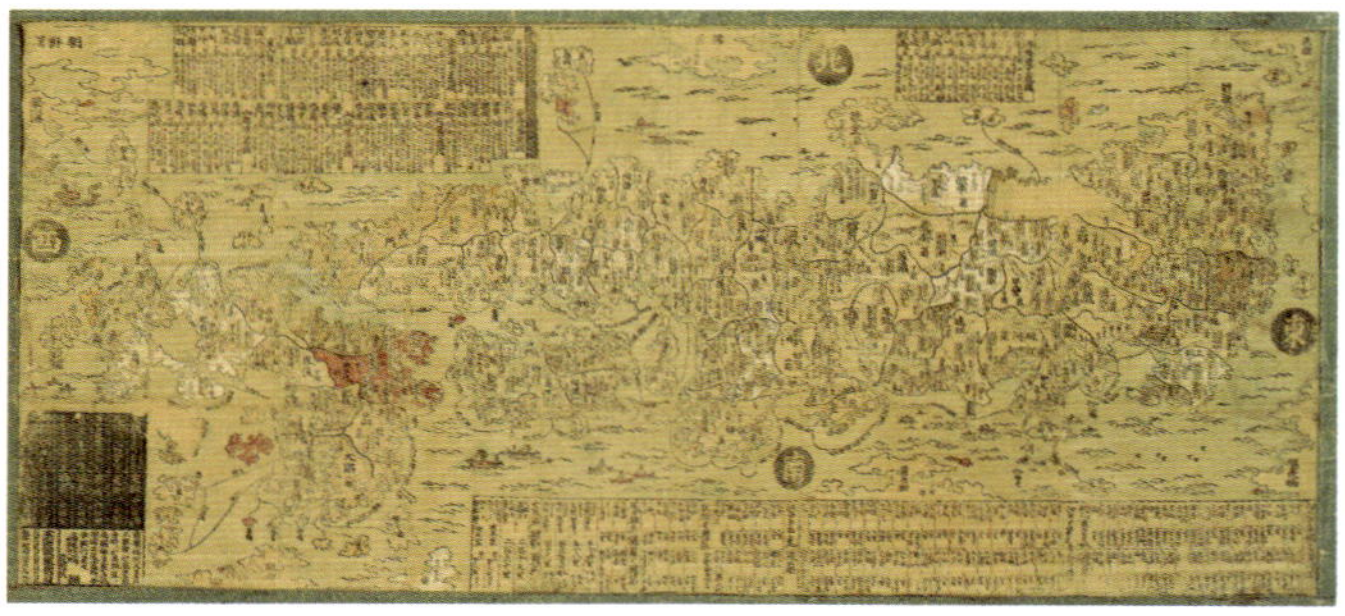

4

浮世絵師の石川流宣（りゅうせん・とものぶ）によって作られた日本全図。海岸線は精確とはいえないが、大名の石高や航路と距離（里数）などが盛り込まれていて利便性が高かった。元禄4（1691）年の「日本海山潮陸図」とともに版を重ねて、一般に流布された。通称「流宣（りゅうせん）図」。国立国会図書館所蔵。

江戸初期までに流布していた日本地図は「行基《ぎょうき》図**1**」と呼ばれるごく簡略なものだった。

新しく幕府を開いた徳川家にとっては、当然満足のいくものではない。各藩の地理や生産力を把握するために、諸大名に「正保国絵図**2**」の提出を求めた。各藩は簡単な測量を行なっていたと思われるが、1里（約4km）＝6寸（18cm）という縮尺が定められていただけで、幕府から測量方法について指示があったわけではなく、精度は各藩でバラバラであっただろう。国絵図を組み合わせて「正保日本図**3**」などの日本全図が作られたが、「行基図」よりは精確なものの、ゆがみが目立つ。

これに対して伊能忠敬は自分で実際に歩いて測量することを重視した。測量していない部分は空白のままにする徹底ぶりである。その結果まとめられた地図（「伊能図」と総称される）は精度が高く、その小図については、現代の地図と重ね合わせても、ほぼ海岸線が重なるほどである。

幕末に測量にきたイギリス海軍が伊能図を見てその正確さに驚嘆し、幕府から譲り受けただけで、測量を切り上げて帰っていったというエピソードが残っている。

伊能図は、明治時代の参謀本部陸地

これが伊能図！

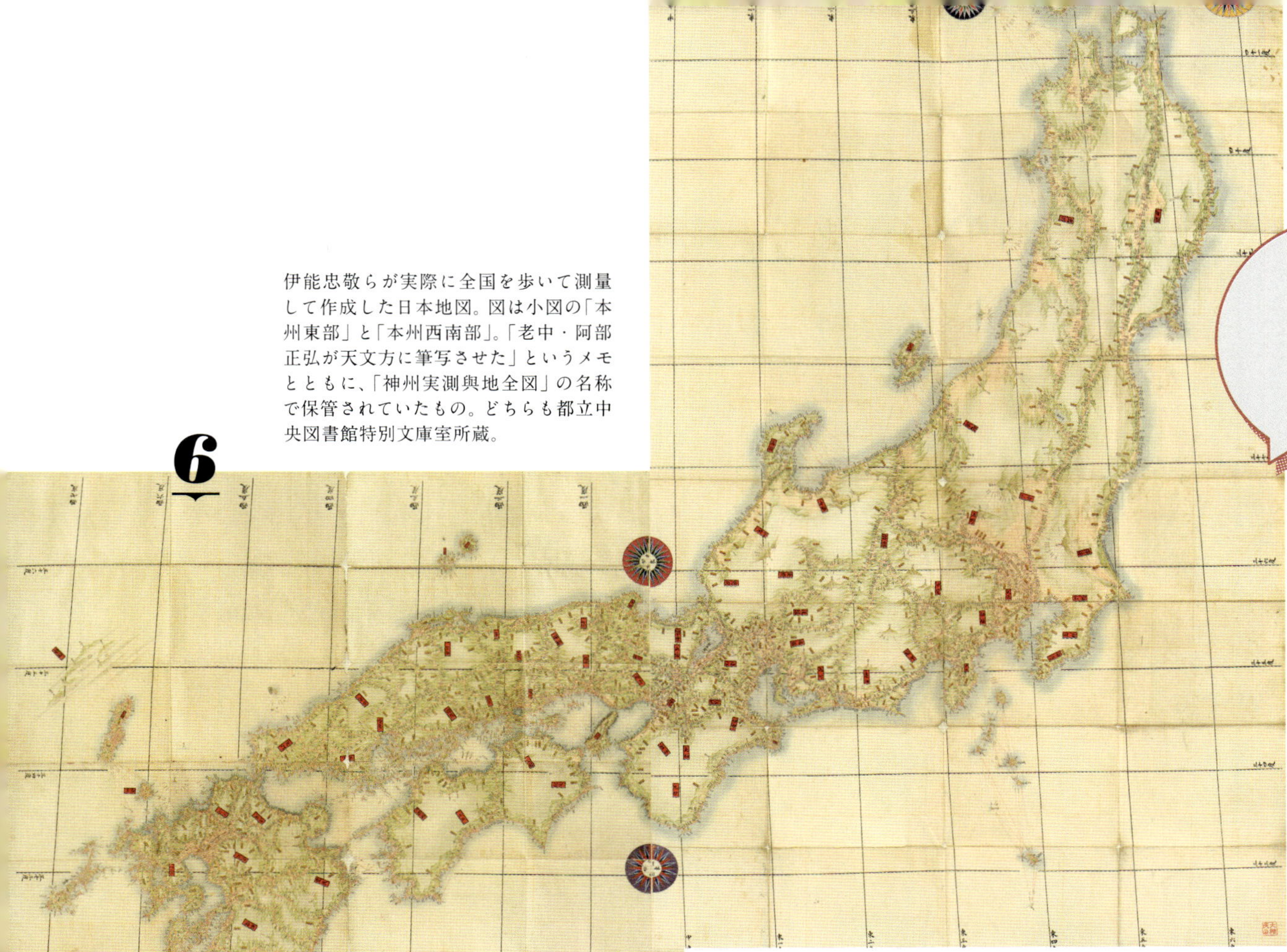

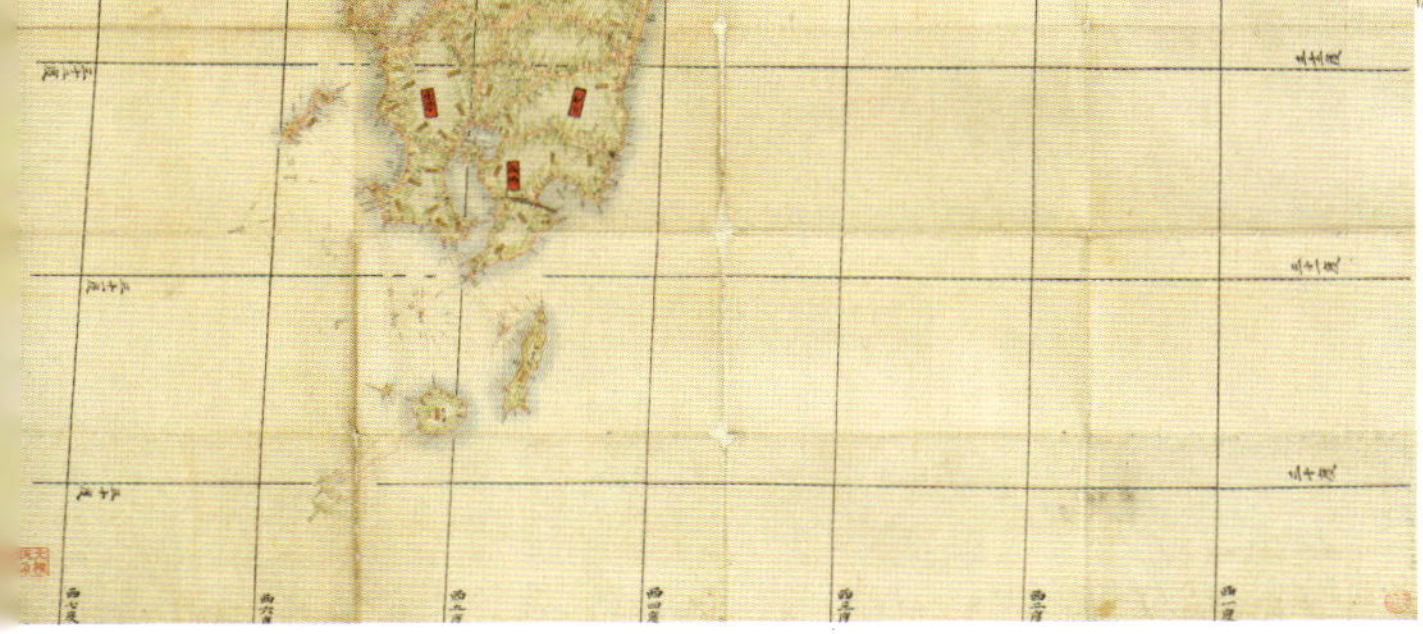

6

伊能忠敬らが実際に全国を歩いて測量して作成した日本地図。図は小図の「本州東部」と「本州西南部」。「老中・阿部正弘が天文方に筆写させた」というメモとともに、「神州実測輿地全図」の名称で保管されていたもの。どちらも都立中央図書館特別文庫室所蔵。

神州実測輿地全図（伊能小図）

文政４（１８２１）

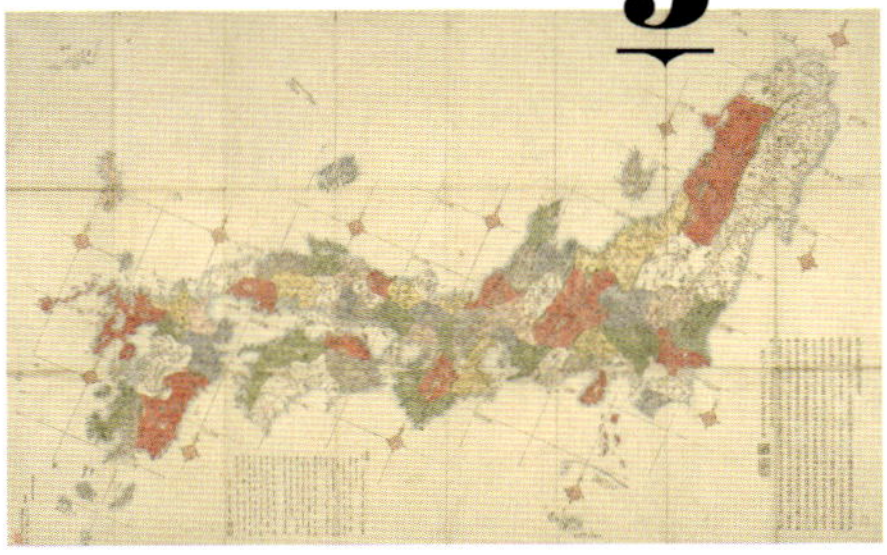

5

改正日本輿地路程全図（赤水図）

安永８（１７７９）

水戸藩の儒者にして地理学者・長久保赤水（せきすい）が作成。「赤水図」とも呼ばれる。安永8年に大坂の版元から出版された。10里（約40km）＝1寸（3cm）で、縮尺は129万6000分の1。伊能図は公開されなかったので、この地図が江戸後期にもっとも一般的に利用された。国立歴史民俗博物館所蔵。

7

官板実測日本地図

慶応１（１８６５）

伊能小図をもとにして幕府開成所から刊行された日本全図。伊能図が公刊された最初のもの。北海道が「蝦夷諸島」（北海道、北方4島）と「北蝦夷諸島」（樺太）の2図に分けられて計4図。図は、明治3（1870）年に大学南校（なんこう）（現・東京大学）から、幕府開成所版と同じ版木で刷られて刊行されたものと思われる。国立公文書館所蔵。

測量局の「輯製《しゅうせい》二十万分之一図」にも引き継がれた。時がたつにつれてだんだんと新しい測量の地図に置き換えられたが、「屋久島・種子《たねが》島」は、昭和４（１９２９）年まで忠敬の測量が公式の地図に生かされていた。実に１０８年もの長きにわたって現役で活躍していたのである。

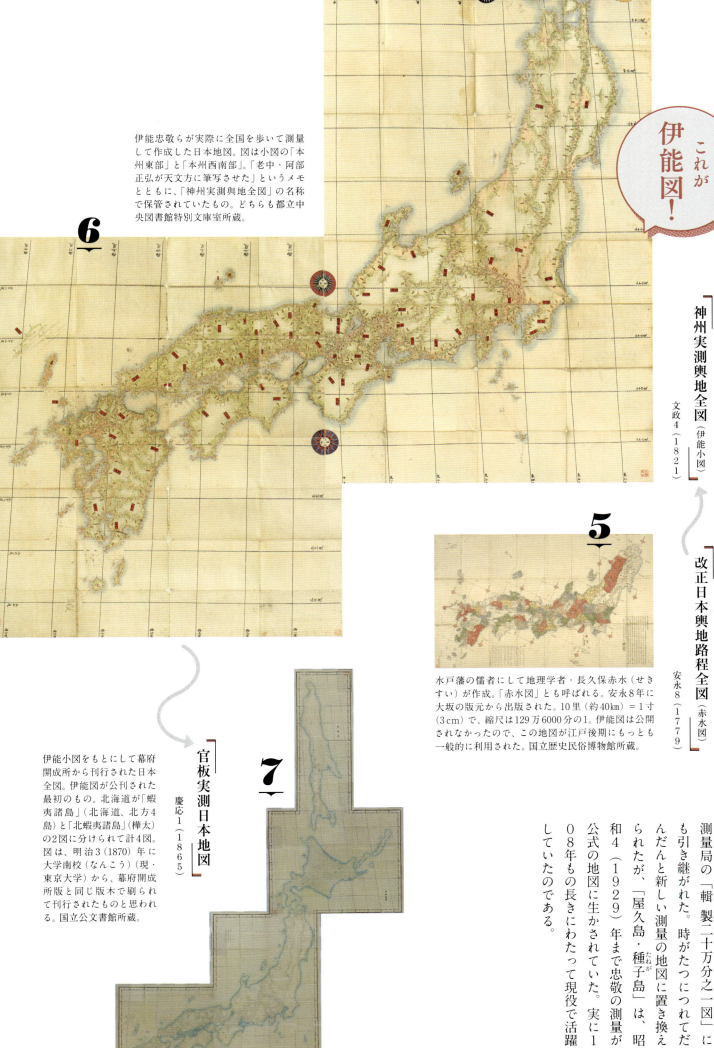

歴史②

伊能測量隊は足かけ17年、10次にわたって全国を測量した

忠敬が最初に測量の旅に出かけたのは寛政12（1800）年。寛政4年にロシアのラクスマンが大黒屋光太夫を連れて根室に来航して以来、蝦夷地の警備が叫ばれていた頃のことである。

測量の最初の動機は、地球の大きさを知ることだった。そのためには緯度1度の正確な距離を知らなければならない。深川の自宅から浅草の暦局までを測量して試算したところ、師匠の天文方・高橋至時《よしとき》から「短い距離だと誤差が大きくなりすぎる」と一蹴された。そこで蝦夷地までの測量を実行した。

至時や幕府の要人は、忠敬の作った地図を見て驚いた。老中の松平伊豆守信明《のぶあきら》は「何年かかったら日本全土ができる？」と聞いたらしい。第2次、3次、4次と測量を続けるうちに、幕府からの金銭的、人的サポートは増えて、第5次からは幕府の直轄事業となった。

第10次までの総旅程日数は3736日、距離は4万3708km。忠敬56歳から72歳までのことである。

第1次　奥州街道と蝦夷地東南岸　寛政12年閏4月19日～10月21日

第2次　相模・伊豆　享和元年4月2日～6月6日
本州東海岸　享和元年6月19日～12月7日

第3次　出羽・越後　享和2年6月11日～10月23日

第4次　尾張・越前以東　享和3年2月25日～10月7日

第5次　畿内・中国　文化2年2月25日～文化3年11月15日

第6次　四国・大和路　文化5年1月25日～文化6年1月18日

第7次　九州東南部と往還路　文化6年8月27日～文化8年5月9日

第8次　九州残部と往還路　文化8年11月25日～文化11年5月3日

第9次　伊豆七島　文化12年4月27日～文化13年4月12日（忠敬は不参加）

第10次　江戸　文化12年2月3日～19日、
文化13年8月8日～10月23日　地図は省略

日付は旧暦。新暦は1か月から1か月半後ろにずれる（寛政12年4月19日は新暦1800年6月11日）。

日本の地図作りと伊能図関連年表

年齢は満年齢。太数字はp6～7の図版との照合番号。

大化2（646） 「諸国に境界を調べさせて図にして提出させた」（『日本書紀』）。日本における地図作成の最古の記録

天武13（684） 「朝廷から派遣された使臣らが信濃国図を作り、呈上した」（『日本書紀』）

天平10（738） 「諸国に命じて国郡（くにこおり）の図を作らせた」（『続日本紀』）

天平勝宝3（751） 「東大寺領近江国水沼村墾田図」が作られる。現存する最古の地図とされる（正倉院宝物）

平安～江戸時代初期 国界のみの簡略な日本全図が普及する。奈良時代に行基によって作られたという伝説があり、「行基図**1**」と総称された

慶長～元禄（1596～1704） 江戸幕府が諸大名に国絵図を作らせた。年代の名をとって「慶長国絵図」「**正保国絵図2**」「元禄国絵図」などと呼ばれる。国絵図をもとに「**正保日本図3**」などの日本全図も作られた

貞享4（1867） 浮世絵師の石川流宣が日本全図「**本朝図鑑綱目4**」を刊行

延享2（1745） 上総国小関村（現・千葉県九十九里町小関）で忠敬が生まれる。幼名三治郎（さんじろう）

宝暦元（1751） 三治郎6歳、母を失う。婿だった父は実家へ帰り、三治郎は小関家に残される

宝暦12（1762） 三治郎17歳、上総国佐原（現・千葉県香取市佐原）の酒造家・伊能家に入り婿する。忠敬の名をもらう

安永7（1778） 忠敬33歳、妻ミチと奥州の松島に旅行する。「奥州紀行」を著す

安永8（1779） 長久保赤水が経緯線入りの「**改正日本輿地路程全図5**」を出版

天明5（1785） 最上徳内らが千島列島を探検

寛政6（1794） 忠敬49歳、隠居。翌年江戸で幕府天文方の高橋至時（31歳）に入門

寛政11（1799） 忠敬54歳、緯度1度ぶんの距離を調べるため、自宅と浅草暦局の間を歩測する

寛政12（1800） 閏4月19日、蝦夷地に向けて出発（第1次測量）。距離は歩測で測った。蝦夷地で間宮林蔵と会う

享和元（1801） 4月2日、本州東岸に向けて出発（第2次測量）。この第2次測量以降は間縄（けんなわ）で測量

享和2（1802） 6月11日、東日本の日本海側に向けて出発（第3次測量）。費用のほぼすべてが支給される準幕府事業となった

享和3（1803） 2月25日、東海、北陸の海岸に向けて出発（第4次測量）

文化元（1804） 8月、第4次までの測量をもとにした「日本東半部沿海地図」を幕府に提出。9月に江戸城大広間で全図が接続され、将軍家斉の上覧を受けた。忠敬は幕臣となり、これ以降、測量は幕府の直轄事業となった

文化2（1805） 2月25日、畿内、中国地方へ向けて出発（第5次測量）

文化5（1808） 1月25日、四国、大和路に向けて出発（第6次測量）

文化6（1809） 第6次測量地域の地図を幕府に提出

8月27日、九州に向けて出発（第7次測量）

文化8（1811） 間宮林蔵に天体観測と測量を教える

11月25日、屋久島、種子島、五島列島に向けて出発（第8次測量）

文化12（1815） 4月27日、伊豆七島に向けて出発（第9次測量、高齢の忠敬は不参加）。同年2月3日から17日間、および文化13年8月8日から74日間かけて江戸を測量（第10次測量）

文化13（1816） 「大日本沿海輿地全図」の作成を始める

文化14（1817） 測量中から書き続けていた日記を12月29日で書き終える

文政元（1818） 忠敬が病没（73歳）。フランスでカッシーニ図（182枚）が完成。全国規模の三角測量に基づいて作成された世界最初の地形図とされる

文政4（1821） 「**大日本沿海輿地全図**」（大図214枚、中図8枚、小図3枚）と『輿地実測録』を幕府に提出

文政11（1828） シーボルトが高橋景保から入手した伊能小図の縮小編集図（カナ書き特別小図）などを持ち出そうとしたことが発覚。翌年、高橋景保は獄死、シーボルトは国外追放

天保年間（1830～44） 天保国絵図が作られる

文久1（1861） 館山湾を拠点に測量していたイギリス海軍測量艦隊が伊能小図を見て正確な地図であることを知り、同図を幕府から譲り受ける

慶応元（1865） 小図をもとにした「**官板実測日本地図7**」が幕府の開成所から刊行される。伊能図が公刊された最初

明治2（1869） 民部官に庶務司戸籍地図掛が設置される。国土地理院のルーツ

明治4（1871） 伊能図をもとにする日本全図が一般市民向けに刊行されはじめる。川上寛（冬崖）作「大日本地図」など

明治6（1873） 5月、皇居内の紅葉山文庫に保管されていた「大日本沿海輿地全図」が皇居の火事で焼失する

明治17（1884） 内務省の測量事業が陸軍に吸収されて、参謀本部測量局となり、「輯製二十万分之一図」を作成し、刊行を始める。伊能図をもととし、内陸部を補足調査したもの。現在の国土地理院の20万分の1地勢図とほぼ同じ図郭。

大正12（1923） 9月、東京大学の図書館に保管されていた伊能家控の副本が関東大震災で焼失する

大正13（1924） 全国の5万分の1地形図の作成がほぼ完了する

昭和4（1929） 「輯製二十万分之一図」の「屋久島・種子島」が三角測量による新しい図となる。このときまで伊能図は現役で使用されていたことになる

昭和36（1961） 佐原の忠敬旧宅敷地内に伊能忠敬記念館が完成

平成7（1995） フランス、パリ郊外のイブ・ペイレ氏宅で8枚揃いの中図が確認される。平成16（2004）年に日本写真印刷株式会社の所蔵に移る

平成9（1997） 気象庁で大図写本43枚が発見される（国立国会図書館に移管）

平成10（1998） 新築された伊能忠敬記念館が開館

平成13（2001） アメリカ議会図書館で207枚の大図が発見され、国内にはなかった148枚の大図が含まれていた。明治初年に陸軍の測量機関が作成した模写図

平成14（2002） アメリカ大図の欠図7枚のうち、34号と35号が国立歴史民俗博物館で発見される。107号は国立国会図書館所蔵の43枚のうちに含まれていることがわかる。8月、東京国立博物館で3枚揃いの伊能小図の副本が確認される

平成16（2004） アメリカ大図の欠図4枚が海上保安庁海洋情報部所蔵の147枚の模写図に含まれていることがわかる

平成21（2009） 東京の深川で第1回完全復元伊能図全国巡回フロア展が開催される

平成22（2010） 伊能忠敬記念館が所蔵する伊能忠敬関係資料2345点が国宝に指定される

平成30（2018） 忠敬没後200年

特徴1

「間縄《けんなわ》」で距離を地道に測り、天体観測もとり入れた

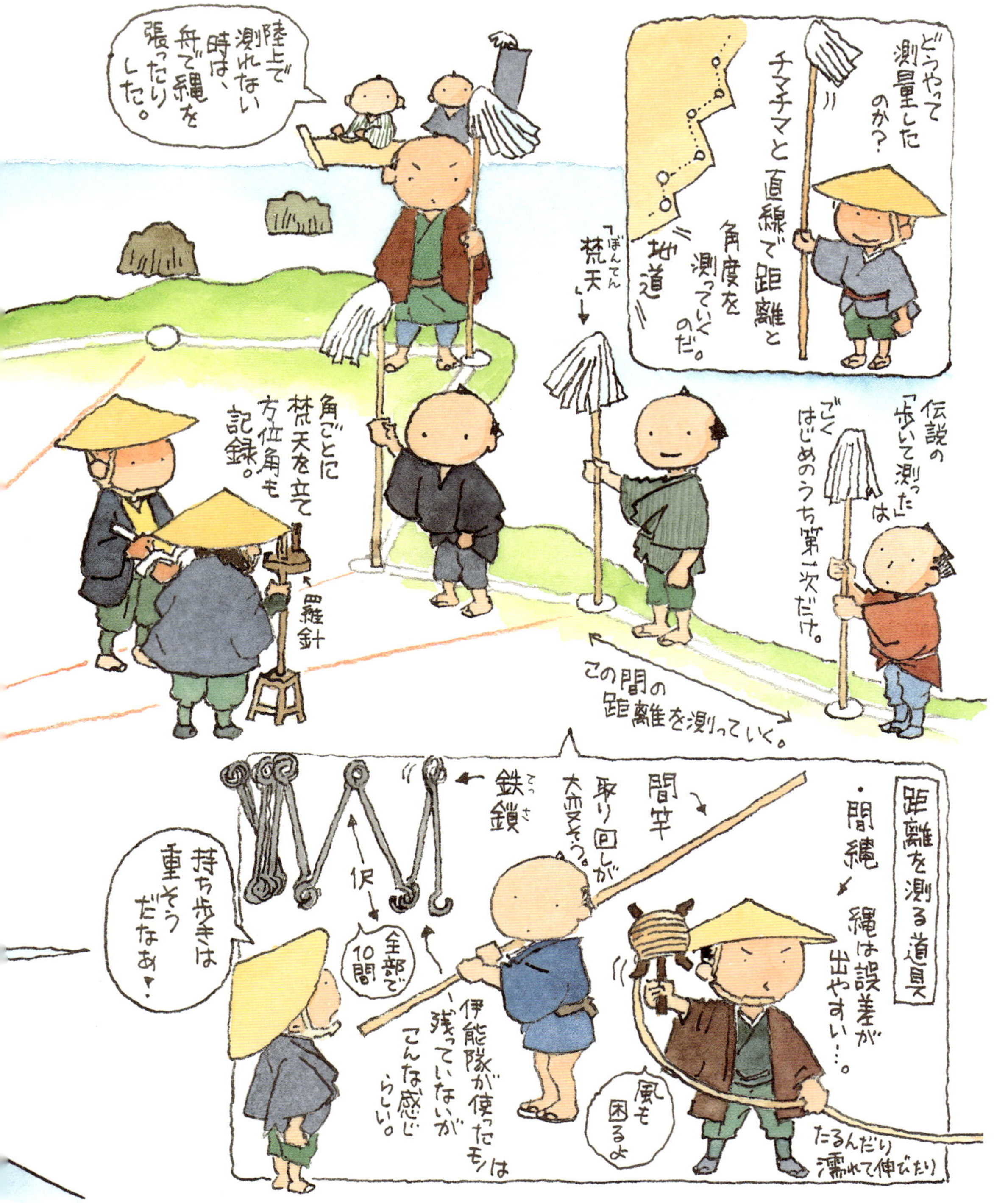

伊能忠敬は日本列島の形を明らかにするためになるべく海岸線を歩いた。実際の地形や道は曲線だが、どのように測量したのだろうか。

1 距離を測る（導線法《どうせん》）

曲線を短い直線の連続に分けて測った。具体的には、直線の曲がり角に「梵天《ぼんてん》」という竹竿を立てて梵天間の距離を「間縄《けんなわ》」や「間竿《けんざお》」で測った。縄は水分で伸縮したり、風であおられたりする欠点があるため、第3次以降は鉄鎖《てつさ》も用いられた。

坂道では「小象限儀《しょうしょうげんぎ》」という器具で勾配を測り、三角関数を利用して平面の距離を算出した。

2 方角を測る（導線法）

曲がり角では、杖の先に羅針盤を取りつけた「杖先羅針（彎窠羅鍼《わんからしん》）」という器具で方位角（次の直線と北との角度）を測った。念のため、次の曲がり角からも同じ直線の方位角を測って平均値を割り出したことが、伊能図の精度を高めている。

距離や方角の数値は「野帳《やちょう》」に記録された。

なお、海岸線だけを測ると誤差が累積しやすいので、岬の根元を横断して精度を高めた。これを「横切り測量」という（p58〜59「高知」の四国縦断もこれにあたる）。

3 目標物の方位（交会法《こうかい》）

曲がり角で寺院や大木、山などの目標物が見えたら、その方位角を測った。別の曲がり角でも同じ目標物の方位を測る。「交会法」と呼ばれる作業である。これによって地図の下図を描くときに、導線法で累積した誤差や単純な測り間違いを検証し、補正することができた。

導線法と交会法は当時としても珍しい方法ではなかったが、伊能隊は導線法をていねいに行ない、交会法をたくさん行なうことで精度を高めた。

4 天体観測を行なう

［緯度］　晴れた日の夜は、緯度の測定のために北極星をはじめとする恒星の高度を測定した。望遠鏡と目盛盤のついた「中象限儀」を南北線（子午線）上に配置して、恒星が子午線を横切るときの高度角を読み取った。これと深川の自宅で測定した恒星の高度表を比べて緯度を調べる。実測の緯度を地図作りに生かしたことが、過去の地図との大きな違いである。

［経度］　経度を測定するために、日食と月食を江戸・大坂・忠敬のいる地点の三箇所で同時刻に観測することを試みたが、悪天候などでうまくいかなかった。

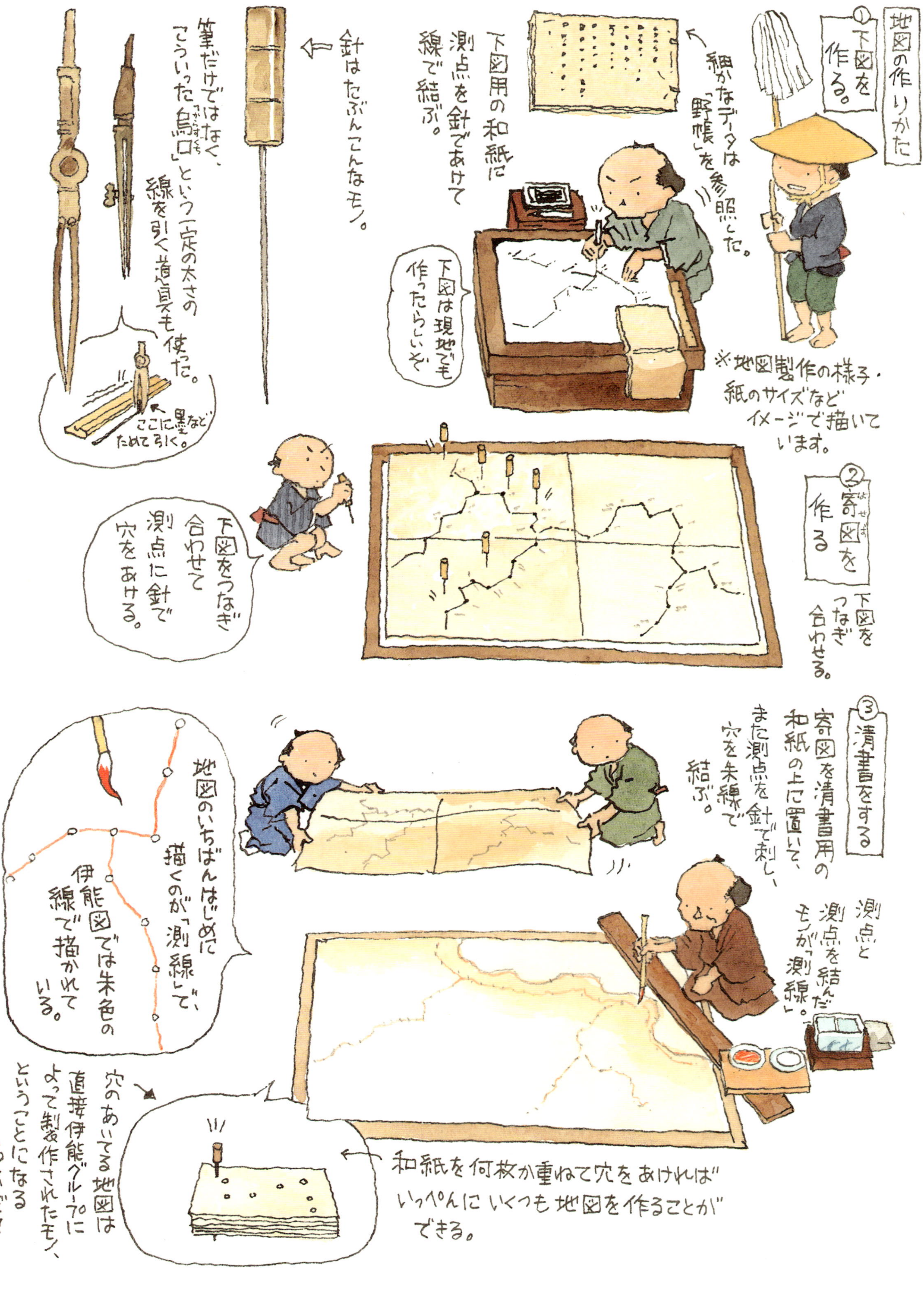
地図の作りかた
①下図を作る。
細かなデータは「野帳」を参照した。

下図用の和紙に測点を針であけて線で結ぶ。

下図は現地でも作ったらしいぞ
※地図製作の様子・紙のサイズなどイメージで描いています。
針はたぶんこんなモノ。

筆だけではなく、こういった「烏口《からすぐち》」という一定の太さの線を引く道具も使った。

ここに墨などためて引く。
②寄図《よせず》を作る
下図をつなぎ合わせる。

下図をつなぎ合わせて測点に針で穴をあける。
③清書をする
寄図を清書用の和紙の上に置いて、また測点を針で刺し、穴を朱線で結ぶ。

測点と測点を結んだモノが「測線」。

地図のいちばんはじめに描くのが「測線」で、伊能図では朱色の線で描かれている。

和紙を何枚か重ねて穴をあければいっぺんにいくつも地図を作ることができる。

穴のあいてる地図は直接伊能グループによって製作されたモノ、ということになるらしいぞ！

特徴②

測量地点に針で穴をあけて線でつないで地図を作った

旅先でも夜間や雨の日は地図の下図を作ったが、基本的には地図作りは江戸に戻ってから行なった。

❶下図を作る

下図用の和紙を広げて、測量したルートの曲がり角の位置（測点）に針穴をあけて、線で結ぶ。この線を「測線」という。1町（109m）を1分（3㎜）としたので、縮尺は3万6000分の1である。測線を結んでいくと、どうしても誤差が累積するので、交会法で得たデータで補正した。

❷寄図《よせず》を作る

何枚かの下図をつなぎあわせて15～20里（60～80㎞）の範囲にする。これを大きな和紙の上に置いて、針穴に針を通す（針突《しんとつ》法）。これで針穴のついた「寄図」が完成。

❸清書する

寄図を清書用の和紙の上に置いて、また針を刺す。針穴を朱線で結んで測線を描く。清書用の和紙を何枚か重ねれば、複数の針穴図ができる。この方法で複製を作った例はほかにほとんどなく、伊能図の特徴といえる。

❹風景を描く

現地で写生しておいた沿道風景（麁《あら》絵《え》図《ず》）を見ながら、山、城、砂浜などを測線のまわりに描き加える。

❺地名と地図記号を入れる

地名を文字で書き入れ、「合印《あいじるし》」と呼ばれる地図記号を朱印で押した。

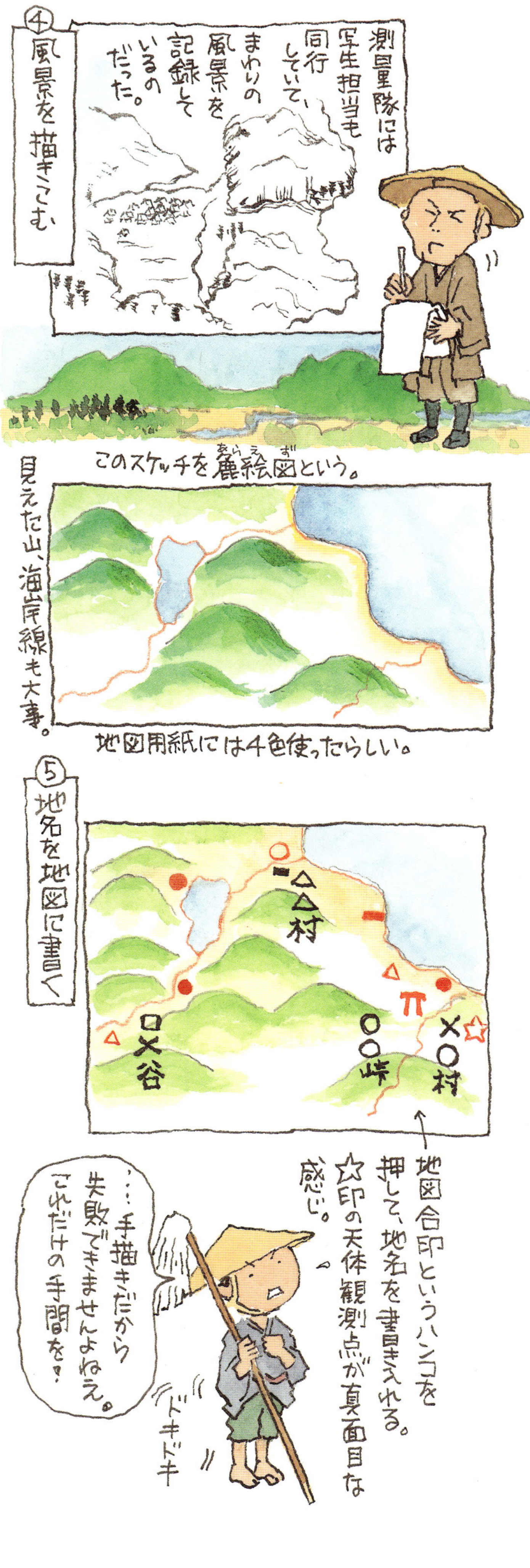
④風景を描きこむ
測量隊には写生担当も同行していて、まわりの風景を記録しているのだった。
このスケッチを麁絵図《あらえず》という。
見えた山、海岸線も大事。
地図用紙には4色使ったらしい。
⑤地名を地図に書く
□△村
□×谷
○○峠
×○村
地図合印というハンコを押して、地名を書き入れる。☆印の天体観測点が真面目な感じ。
…手描きだから失敗できませんよねえ。これだけの手間を！
ドキドキ

特徴③

214枚の「大図」のほか「中図」と「小図」を作った

文政4（1821）年に、「大日本沿海輿地《よち》全図」の名称で地図を幕府に提出したとき、その地図は縮尺の違う3種類だった。縮尺の大きいものから「大図」「中図」「小図」と呼ばれている。中図と小図は、大図をもとにした縮小図である。

❶大図

前ページのような作り方で作った地図がこれにあたる。全部で214枚。つまり日本全土（沖縄を除く）が214枚に分割されている。

❷中図

大図の寄図を6分の1に縮小して、針突法で写したもの。全部で8枚。

中図には緯線と経線が記されている。観測で得られた緯度と図中で計算した緯度を照らし合わせて補正を行なった。すでに述べたとおり、経度は観測できなかったので、記された経度は距離から計算した理論値である。ゆえに東西の両端（北海道と九州）で、東西のズレが大きくなっている。

日本を214枚に分割

大図　3万6000分の1

1里（約4km）＝約108mm

城郭、町並み、山などが絵として描かれ、地名、国名、国界、郡名、郡界などが文字で書かれる。「御両国測量絵図（伊能大図）二番」（山口県文書館所蔵）。

8枚に分割

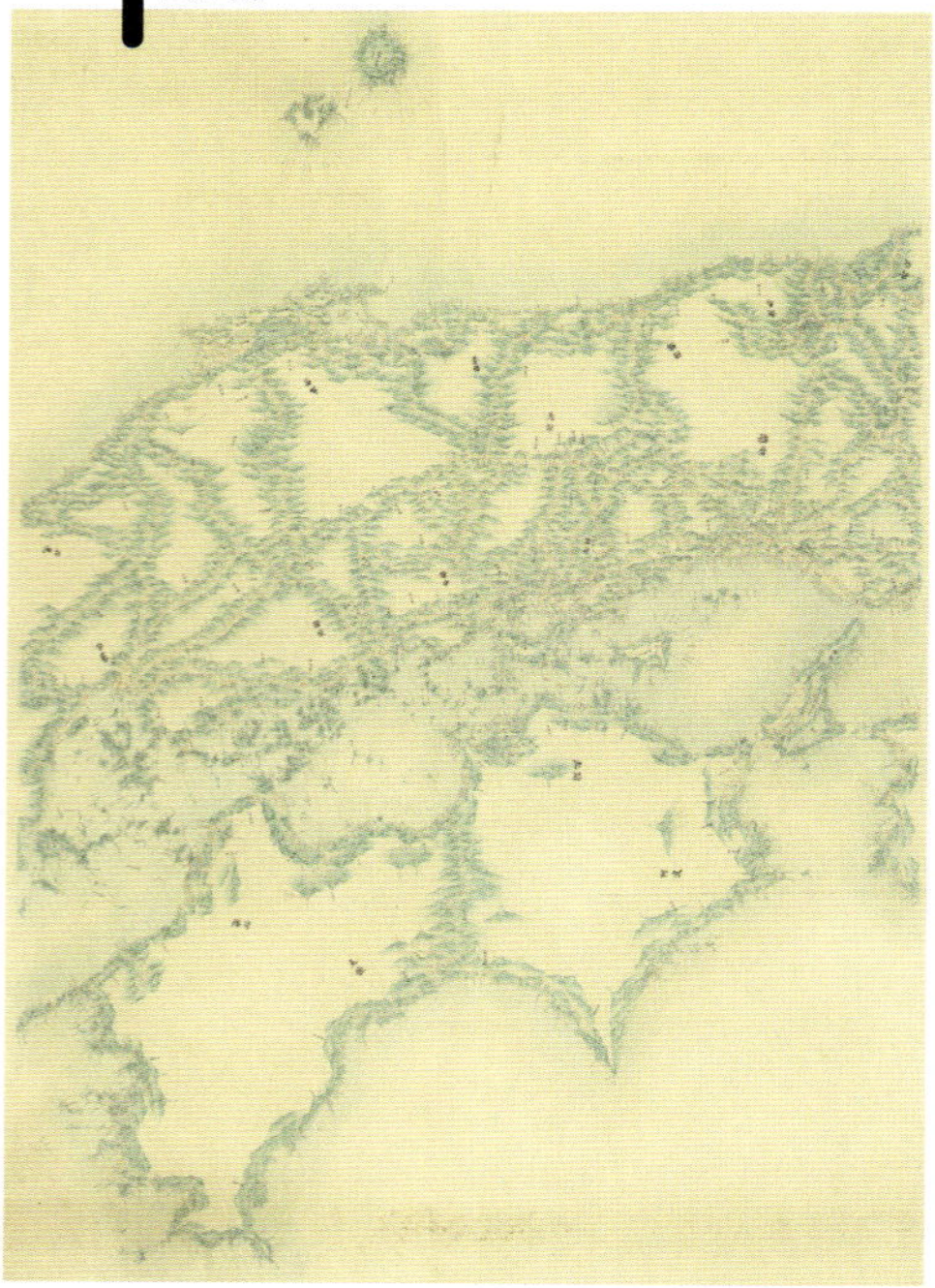

中図　21万6000分の1

1里（約4km）＝約18mm

大図にはない経緯線と、交会法による方位線が描かれている。方位線は地図には必要ないが、測量したことを示すためと、美観のためにあえて残したとされる。「中国四国」（国土地理院所蔵）。

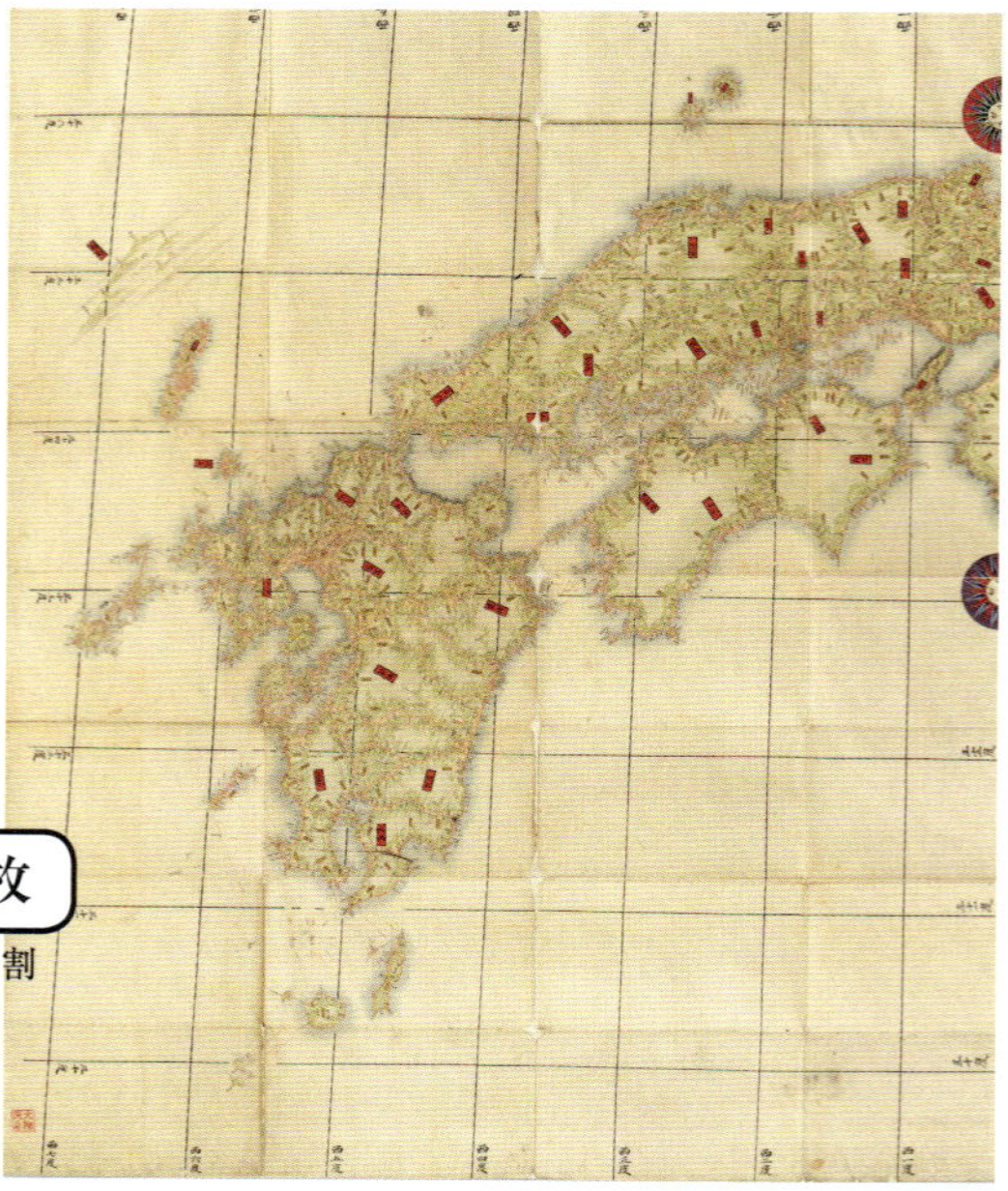

3枚に分割

小図　43万2000分の1

1里（約4km）＝約9mm

描かれている要素は中図とほぼ同じだが、簡略化されている。「本州西南部」（都立中央図書館特別文庫室所蔵）。

3 小図

中図をさらに2分の1に縮小したもの。全部で3枚。緯線と経線も含めて中図に記された内容が簡略化されて記されている。

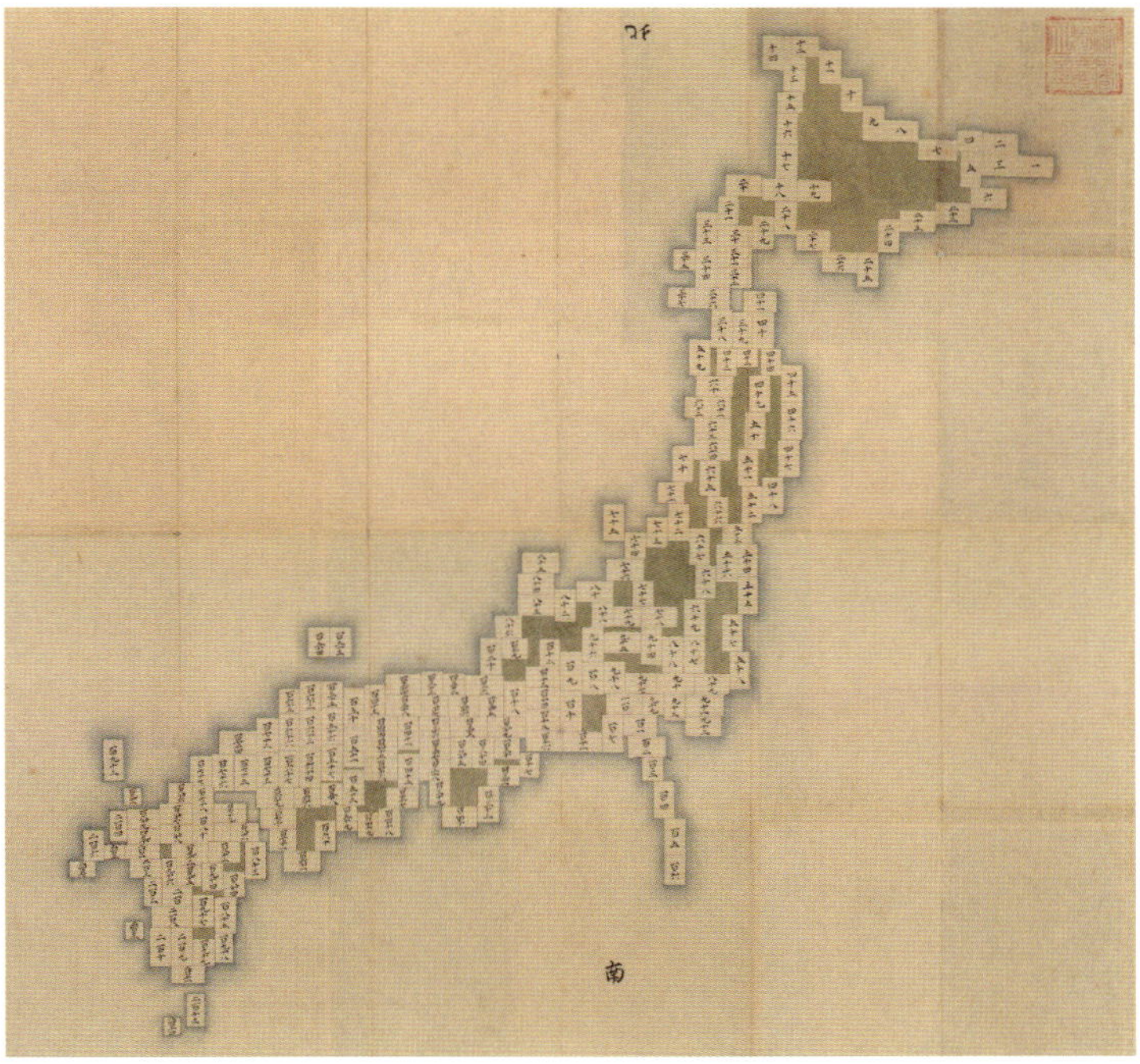

忠敬らも接合表を作っていた

「輿地実測録」に掲載された地図接成便覧（国立公文書館所蔵）。「輿地実測録」は「大日本沿海輿地全図」とともに幕府に提出された測量の記録文書。

「大日本沿海輿地全図」大図、中図、小図接合表

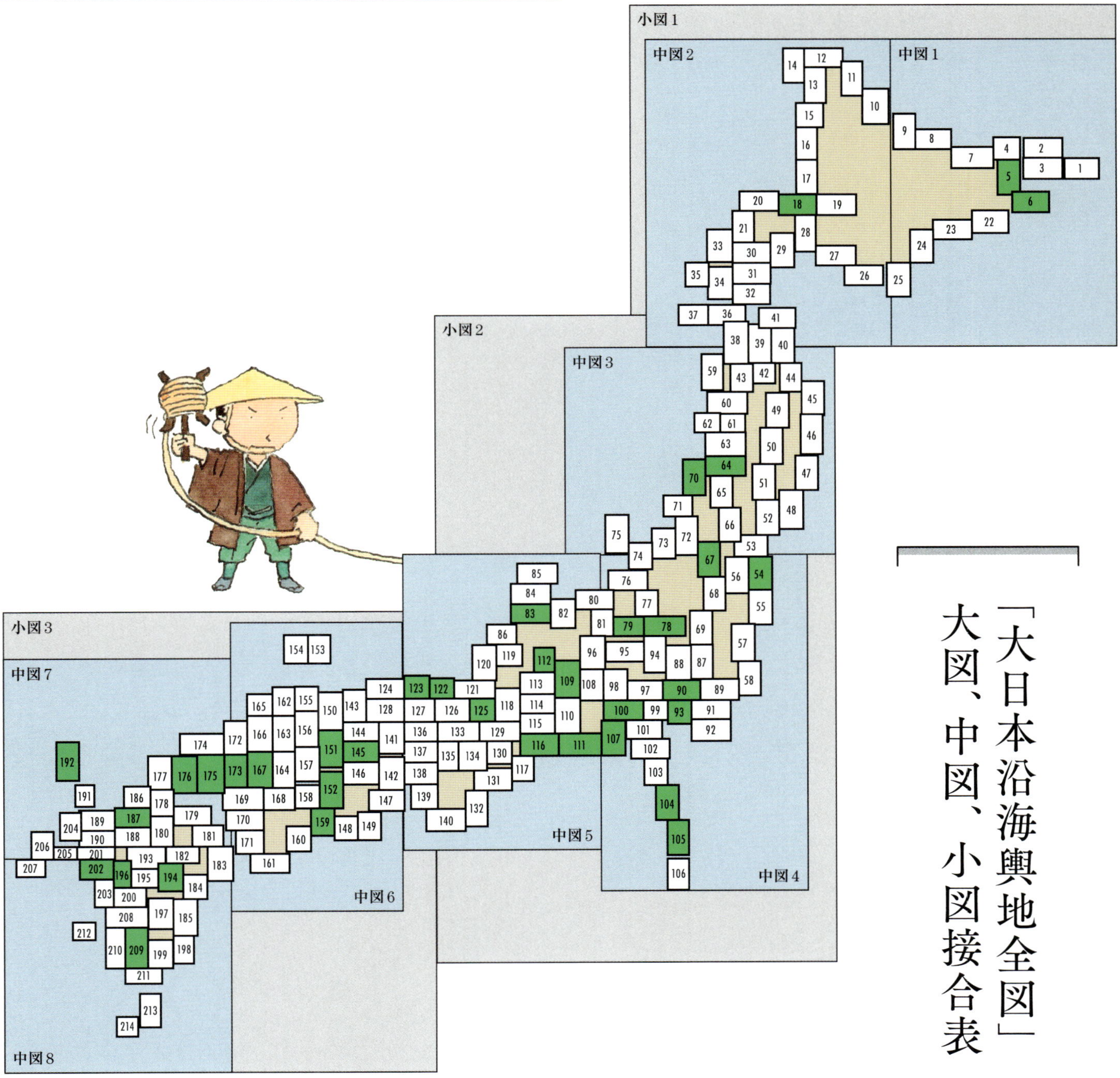

色を塗っている部分は、Part2（p22～）で取り上げている地域

見方

「測線」や「合印」、写実的な絵から情報を読みとる

伊能図には現代地図と同じように地図記号（合印）が押印されている。これさえおぼえてしまえば理解は簡単だ。

また、写実的な絵がところどころに描かれていて、さまざまな情報を与えてくれる。たとえば、城郭の大きさや形が描き分けられていたり、火山から噴煙が噴き出していたりする。集落は家並みで示される（のちに描き写された地図では、黒い四角に簡略化されている）。

留意点としては、伊能図は海岸線の測量が主な目的だったため、内陸に測線が少ない。測線がないということは地名や合印もない。とくに測量前半の北海道と東北は、幕府のサポートが少なかったこともあり、測線は少なめである。測量後半の中国地方や九州には内陸にも多くの測線が描かれている。

なお、「大日本沿海輿地全図」（「正本」と呼ばれる）は、明治6（1873）年の皇居の火事で焼失した。今残されている地図はおおよそ以下のよう

方位印（コンパスローズ）

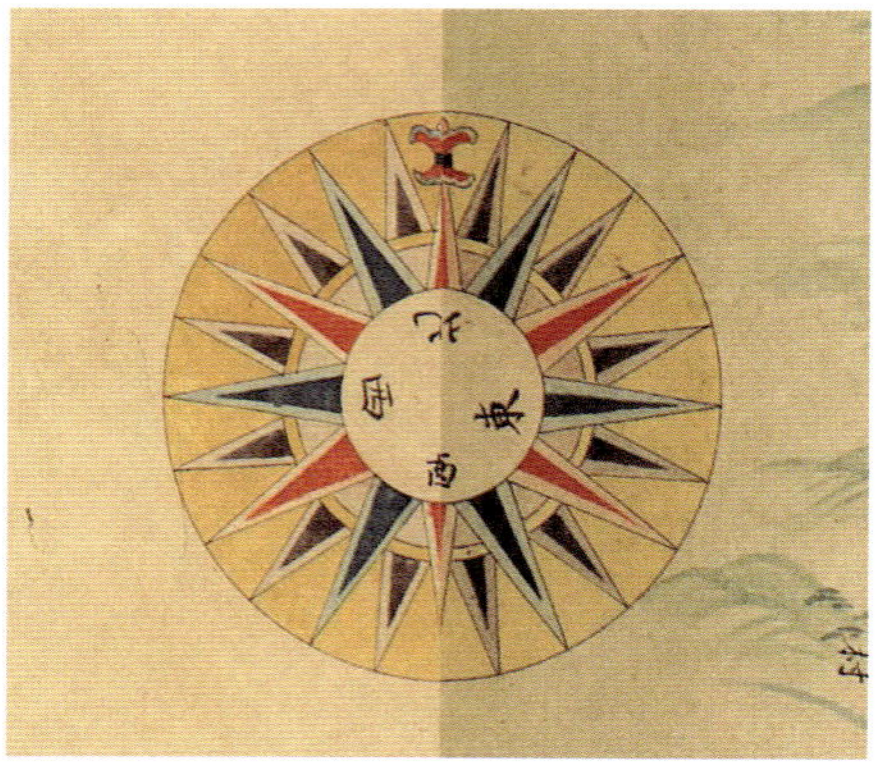

方位記号は、複数の地図をつなぎ合わせるときの目印を兼ねている。手描きで美しく彩色されている。

測線

測量したところは赤い線で示される。道のない海岸線や海上の船の上から測っているところもある。

天測地点

☆印は天体観測を行なった地点。夜に観測するので、この印があれば、そこに泊まったことがわかる。

宿駅

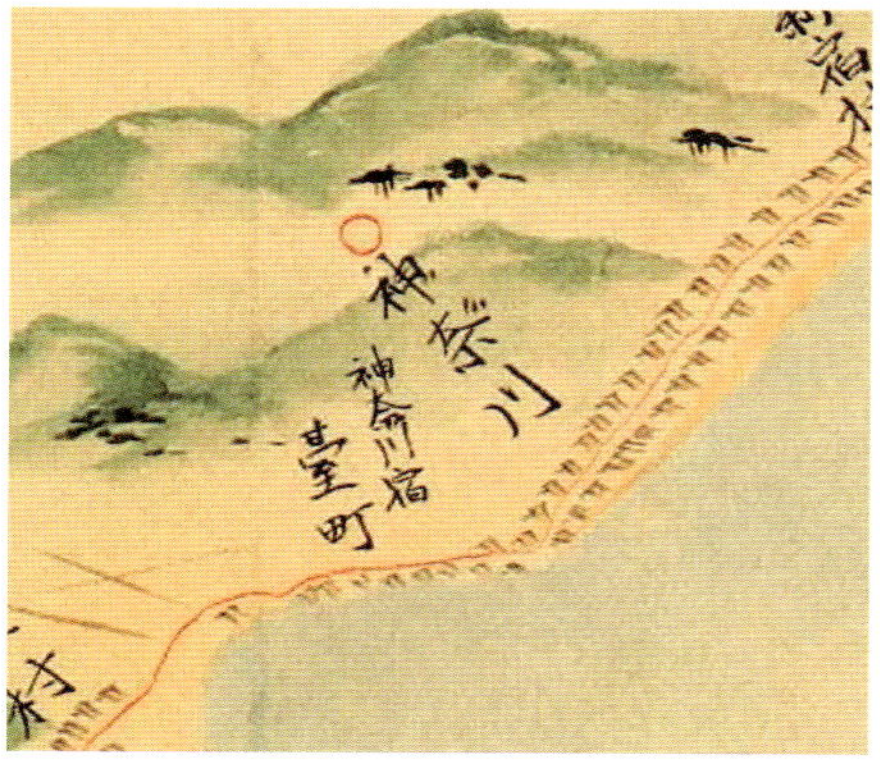

○印は宿駅。必ずしも宿泊しているわけではない。本陣のほか寺や民家に宿泊している。

湊

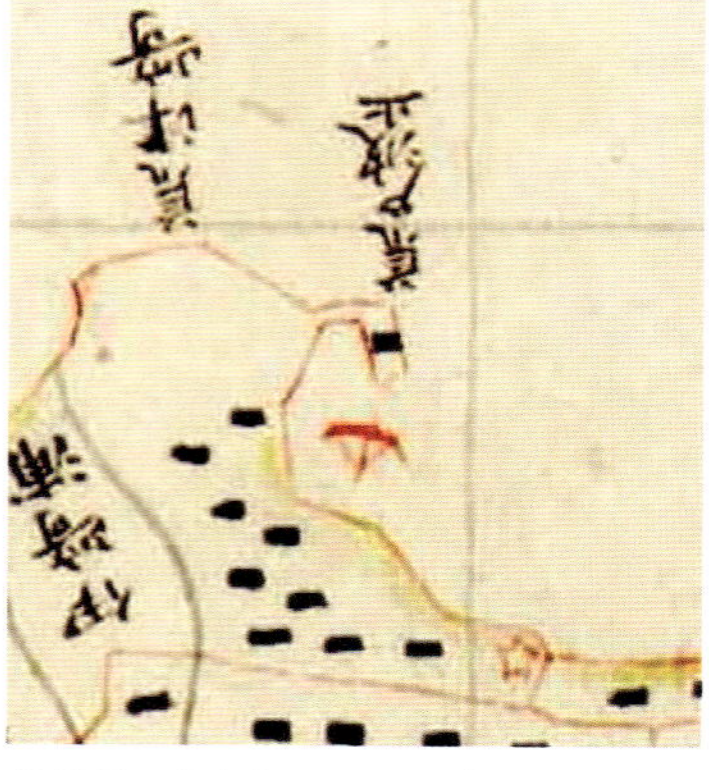

帆掛船のようなマークで示される。伊能隊は蝦夷や佐渡に渡るときに湊から船に乗っている。

郡界《ぐんざかい》

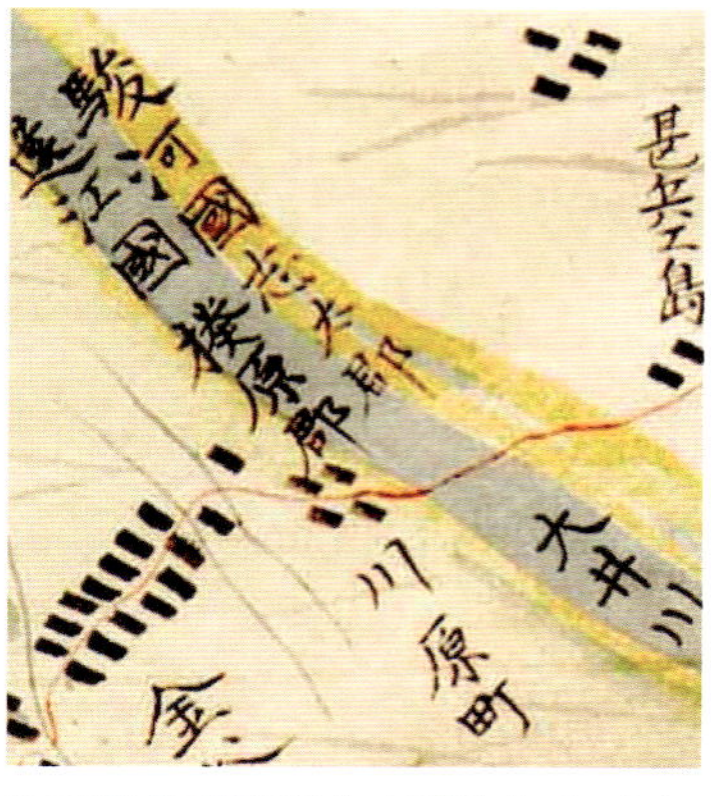

2つの郡名が平行に並べて書かれていたら、それは郡界（ぐんざかい）。写真の場合は国界でもあるので国名も書かれている。

城

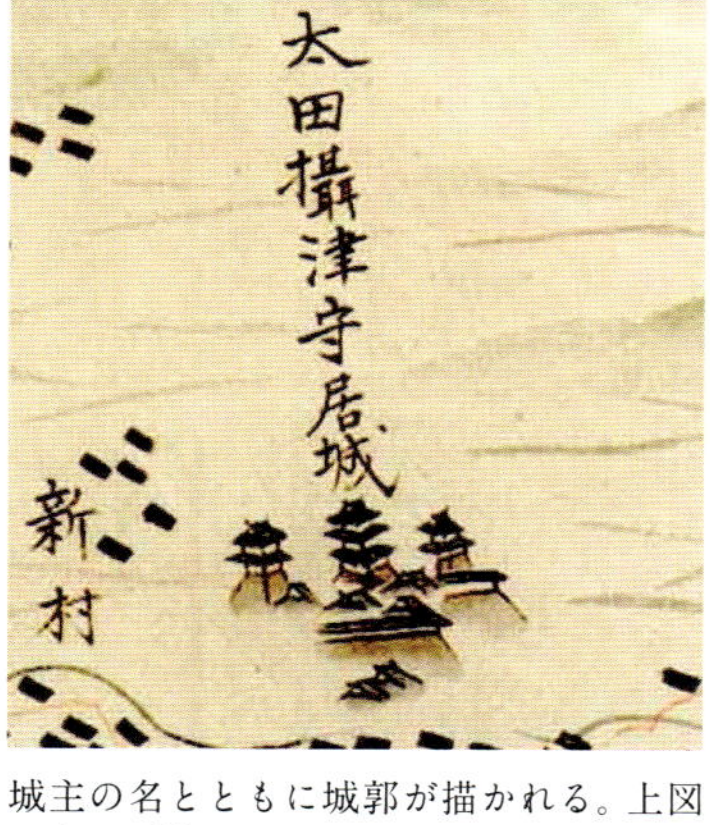

城主の名とともに城郭が描かれる。上図は太田道灌の子孫の太田氏が城主をつとめた掛川城（静岡県掛川市）。

各画像は以下のページの地図の部分。「方位印」p36、「側線」「天測地点」「宿駅」p34、「湊」p165、「郡界」p46、「城」p47。

に分類されていて、同じ範囲の地図でも彩色や記載内容にちがいがある。
［副本］　正本の控えとして伊能家に残されたもの。およびそれと同レベル以上の諸大名などへの贈呈図。
［稿本］　伊能らによって作られたが未完成のもの（針穴はあるが副本の質に達しない）。
［写本］　江戸時代になんらかの伊能図が手描きで描き写されたもの。
［模写本］　明治時代以降に手描きで描き写されたもの。

【中図の記号】

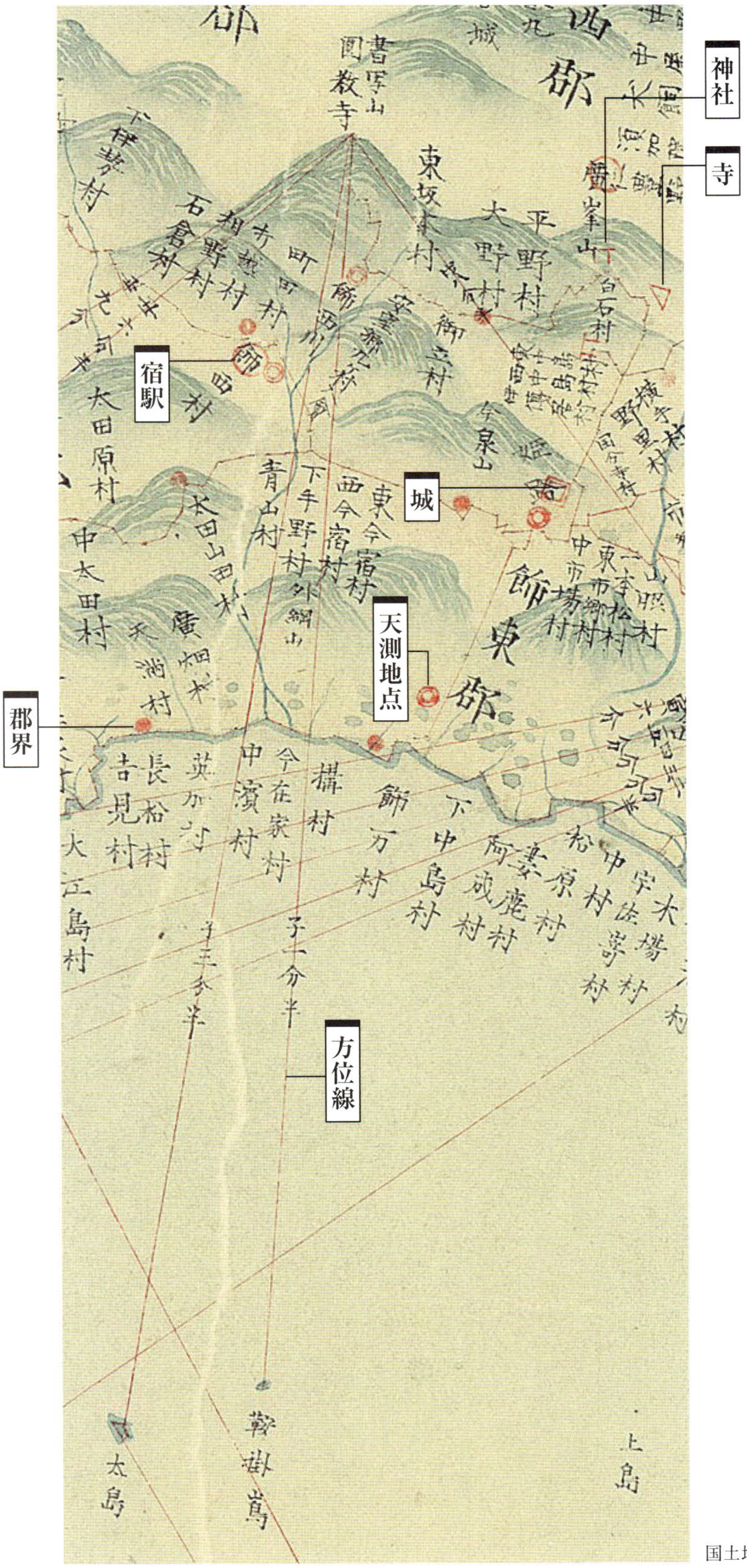

国土地理院所蔵の中図の「中国四国」。

【小図の記号】

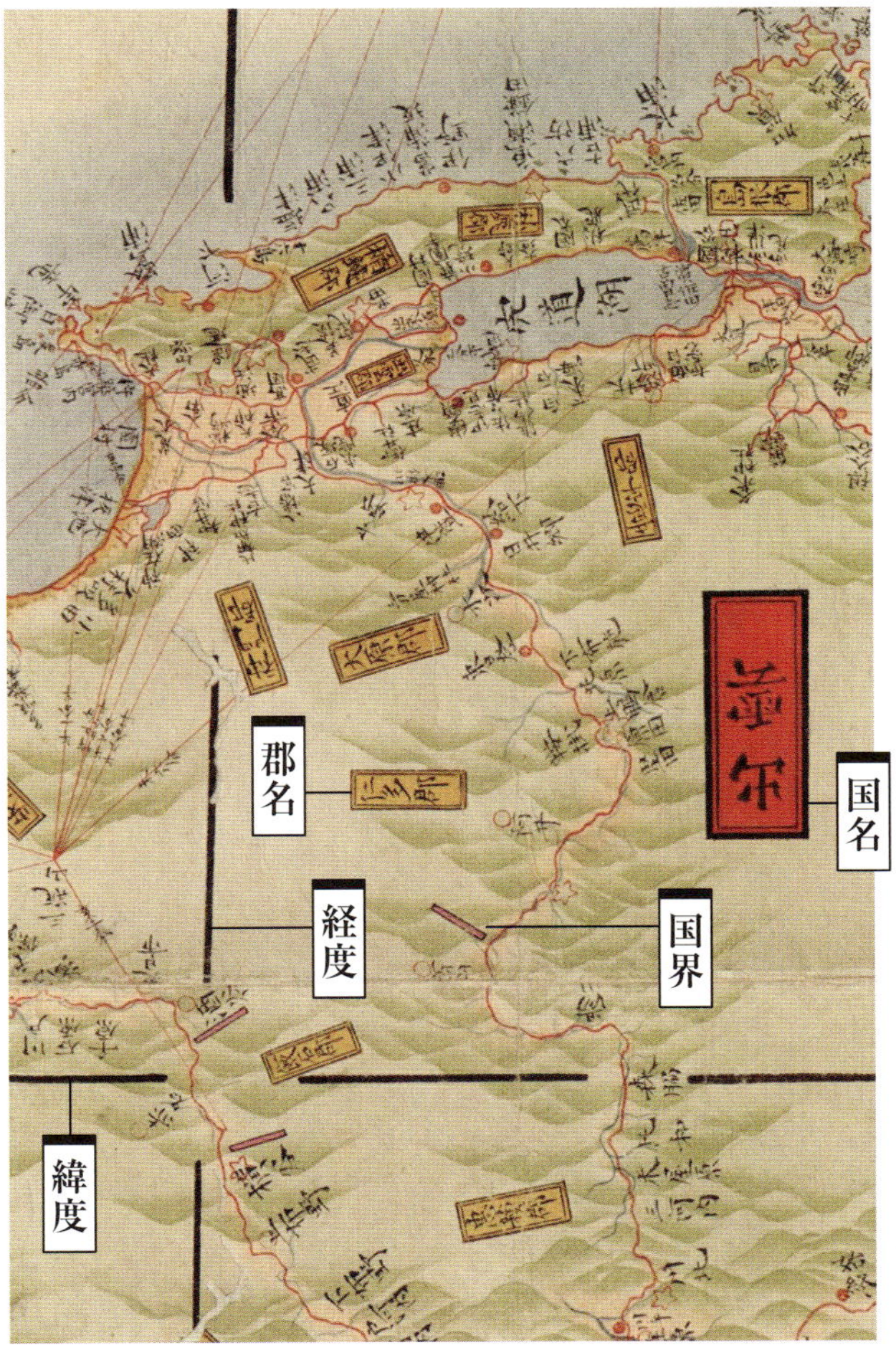

小図の「本州西南部」（都立中央図書館特別文庫室所蔵）。

地図だけじゃない！❶ Column

「測量日記」からは生の感情が見えてくる

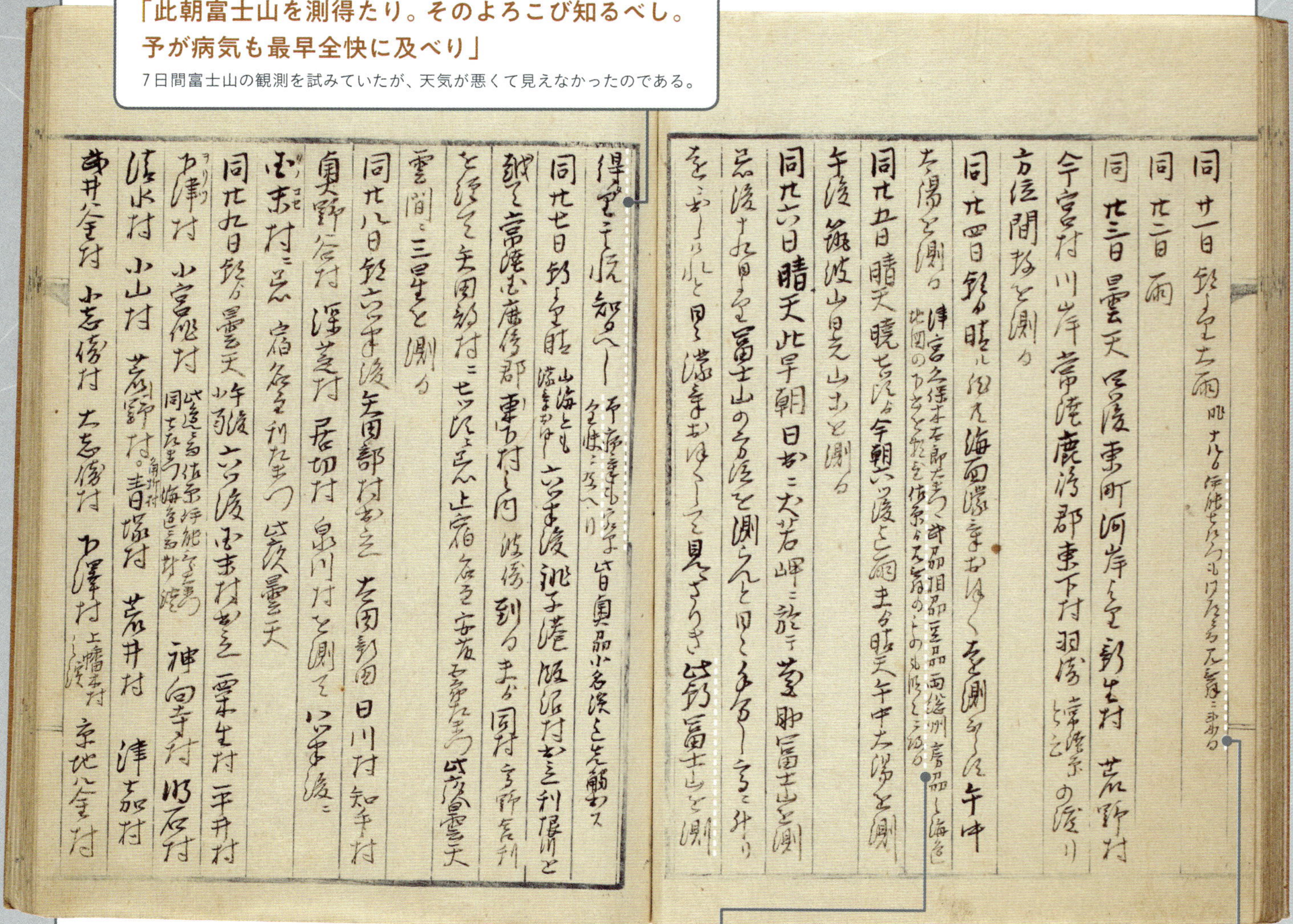

「此朝富士山を測得たり。そのよろこび知るべし。予が病気も最早全快に及べり」
7日間富士山の観測を試みていたが、天気が悪くて見えなかったのである。

「佐原より見舞のものも段々に帰る」

「伊能七左衛門も同道にて見舞に来る」
忠敬は20日から「病気」だった。

享和元（1801）年7月21日の飯沼村（現・千葉県銚子市飯沼町）から29日の汲上村（現・茨城県鉾田市汲上）にかけての日記。「享和元辛酉歳沿海記　完」（測量日記 四）より。伊能忠敬記念館所蔵。

忠敬は測量の旅の成果として地図だけでなく、さまざまな記録を残している。その代表的なものが日記である。測量中に毎日書いて、「忠敬先生日記」51冊にまとめ、のちにこれを自分自身で清書して「測量日記」全28冊として残した。

基本的には、出発時刻、天候、通過した地名、立ち寄った寺社名、会った役人名、宿泊した宿と主人の名前などをたんたんとつづっているだけで、きわめて無味乾燥な日記といえる。

しかし、ときには地元の人のなりわいや土地に伝わる伝説、名所旧跡のようすなどが書きとめられ、忠敬らが心を動かされたことが伝わってくる。「大難所」などと測量中の苦労が表明されることもある。地図からはうかがい知れない彼らの気持ちが垣間見えて興味深い。

日記は、『デジタル伊能図』（河出書房新社、p20参照）のほか、DVD版『伊能忠敬測量日記 原文』（伊能忠敬と伊能図の大事典をつくる会）で読むことができる。本書のPart2でもいくつか日記を引用しているので、ご覧いただきたい。

Part 2

伊能図と今の町、比べてみたら25選

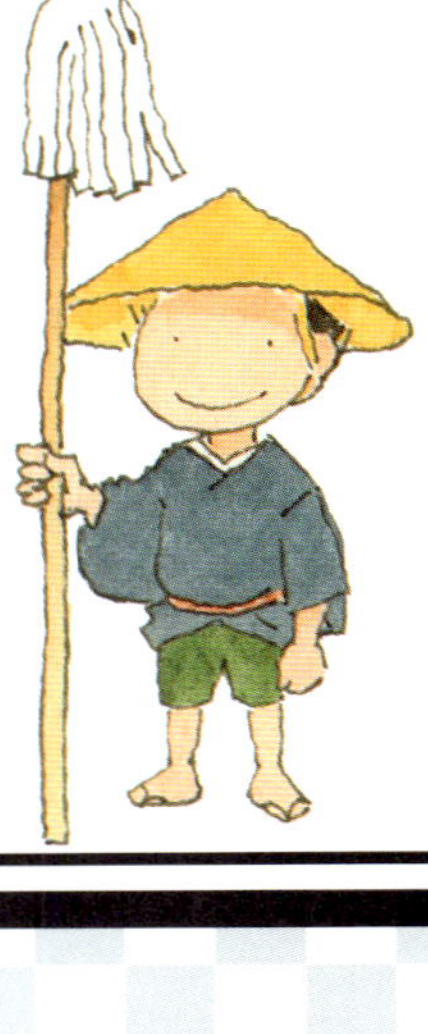

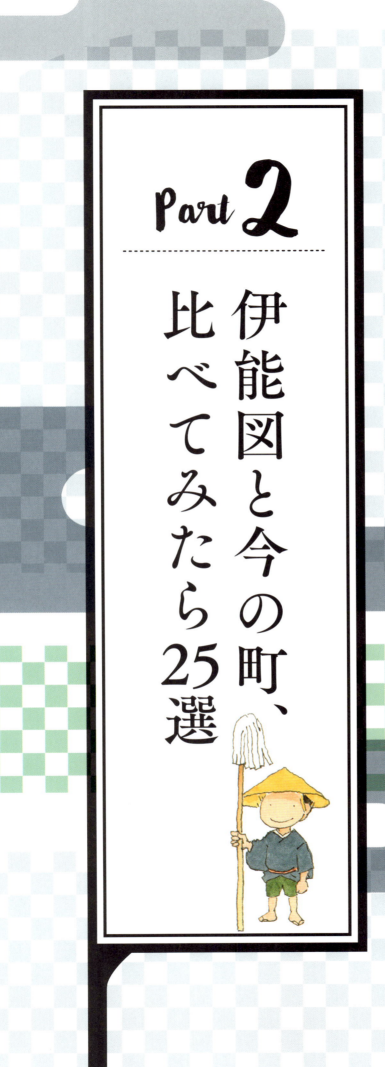

比べ方

国土地理院の新旧の地図と比べてみよう

I 伊能図を閲覧・入手する

ウェブで伊能図を見るならば、国土地理院の「古地図コレクション」が見やすい。大図211枚と中図6枚を閲覧でき、拡大してディテールを見ることもできる。ただし、画像をダウンロードできないので印刷には適していない。

伊能忠敬研究会が運営・管理する「InoPedia」の「伊能図総覧」も見やすい。アメリカ議会図書館所蔵の大図207枚がすべてPDF化されていて、閲覧できる。

「国立国会図書館デジタルコレクション」でも、同図書館が所蔵する大図43枚の高精細な画像をダウンロードできる。

画面で見ることに慣れていない人は、『伊能図大全』全7巻（河出書房新社）をどうぞ。A4の版型に大図、中図、小図のすべてが収録されている。気の向くままページをめくって遠い時代の遠い土地に思いを馳せる……というのは紙の本ならではの楽しみだ。

伊能図の閲覧・入手の仕方

高精細なjpegデータ

国立国会図書館 デジタルコレクション

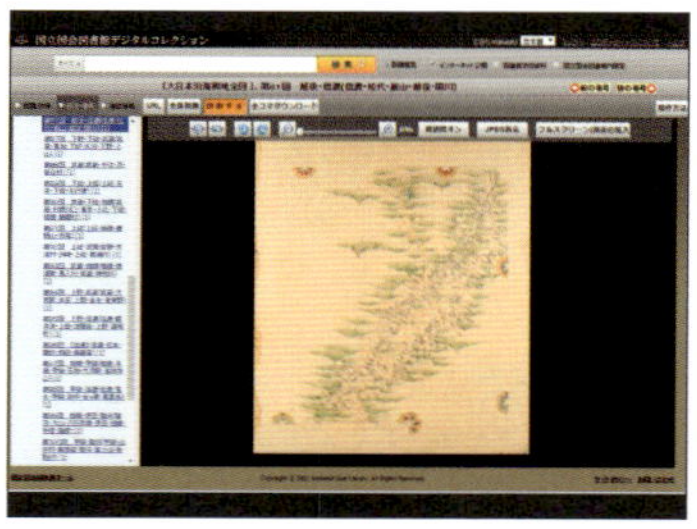

「大日本沿海輿地全図」と検索すると、大図43枚を閲覧でき、jpegでダウンロードできる。「江戸府内図」の北半、「伊能日本実測小図」（小図）の東北と四国も同様。

PDFだから印刷しやすい

伊能忠敬研究会「InoPedia」

アメリカ議会図書館の大図207枚をPDF化。この画面から同図書館にリンクがはられているので、そこから高精細の画像をダウロードすることもできる。

見るだけならこれ！

国土地理院「古地図コレクション」

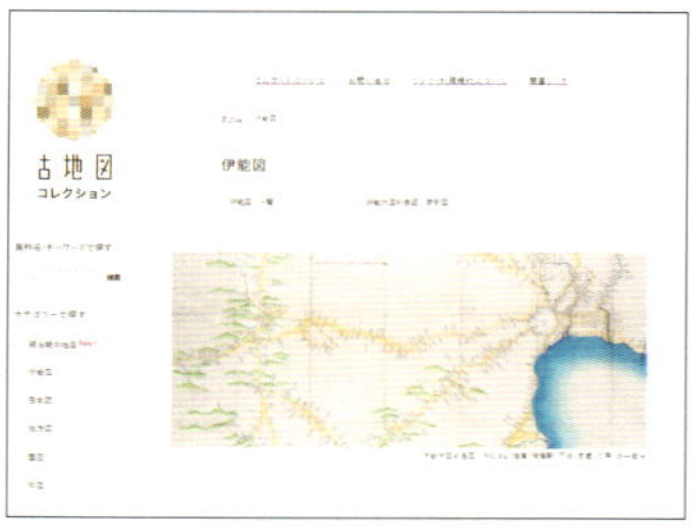

「伊能図」のカテゴリーを開くと、アメリカ議会図書館と海上保安庁所蔵の大図211枚に彩色したものを閲覧できる。中図は北海道の2枚が欠けている。

両方を収録したDVD『デジタル伊能図』

過去と現在を比べるときにもっとも便利なのは、『デジタル伊能図』（河出書房新社）というDVDだ（Part3参照）。大図と地理院地図を重ね合わせて見ることができる。一度見ればやみつきになるほどおもしろい。ただし、個人で買うにはちょっと価格が高いかも。学校や図書館をチェックしてみよう。

『デジタル伊能図』 スタンダード版
村山祐司 監修

Web版については「デジタルアーカイブシステムADEAC」https://trc-adeac.trc.co.jp/ で見られる。

アナログ派はこちら！

『伊能図大全』全7巻

1～4巻に大図、5巻に中図と小図を収める。6巻は伊能図の概説と各図解説、7巻が地名索引。豪華な箱入り。

『伊能図大全』 全7巻
渡辺一郎 監修

2 現代地図を閲覧・入手する

現代地図は、グーグルマップをはじめとしてさまざまな地図がある。なんでもよいといえばなんでもよいが、やはり日本のオフィシャル地図である国土地理院のものがよいだろう。頻繁に更新され、地形も正確だ。「**地理院地図**」というウェブサイトで縮尺を自由に変えながら見ることができる。

国土地理院のいいところは、過去の地図も公開しているところ。伊能図と現代地図の間の地図を見ると、地域の変化の過程がわかっておもしろい。前述の「**古地図コレクション**」では、明治時代の「迅速測図」を、「**地図・空中写真閲覧サービス**」の「**地形図・地勢図図歴**」では、明治以降の地形図（旧版地図）を閲覧できる。

紙の地図や印刷に適した高精細データがほしい場合もウェブサイトから購入できる。20万分の1地勢図なら「**電子地形図20万**」から、2万5000分の1地形図なら「**電子地形図25000**」からダウンロードする。旧版地図はダウンロードできないので、国土地理院本院と関東地方測量部（茨城・つくば市、または東京・九段南）などで謄本を購入するか、郵送で取り寄せることができる。

国土地理院の地図の閲覧・入手方法

2万5000分の1地形図をダウンロードできる

電子地形図25000

紙版と同じ図郭だけでなく、画面上の青い枠を動かして好きな範囲を選んでダウンロードできる。A4、A3、A2サイズが175円（税込）。

20万分の1地勢図をダウンロードできる

電子地形図20万

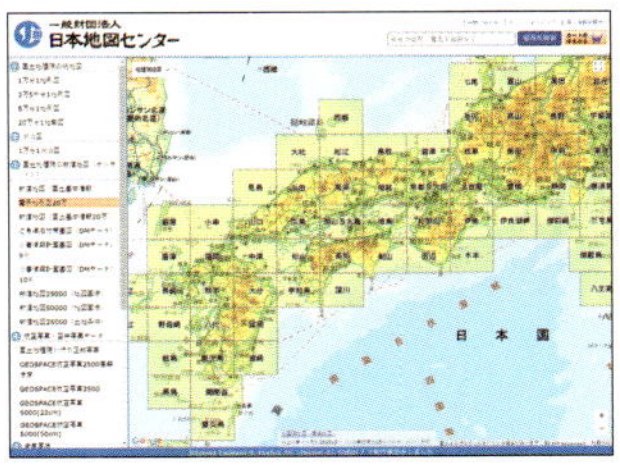

「建物あり・陰影あり」と「建物なし・陰影なし」を選択できる。クレジットカード決済できるので、すぐに入手可能。1枚175円（税込）。

旧版地図を閲覧できる

地図・空中写真閲覧サービス「地形図・地勢図図歴」

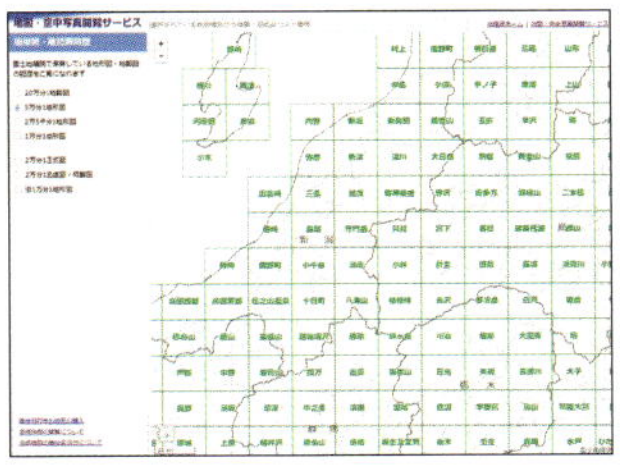

見たい地域（図郭）をクリックすると明治以降の旧版地図がリストアップされる。紙の謄本は窓口のほか郵送とネットから交付を申請できる。

最新地図を見るならこれ！

地理院地図

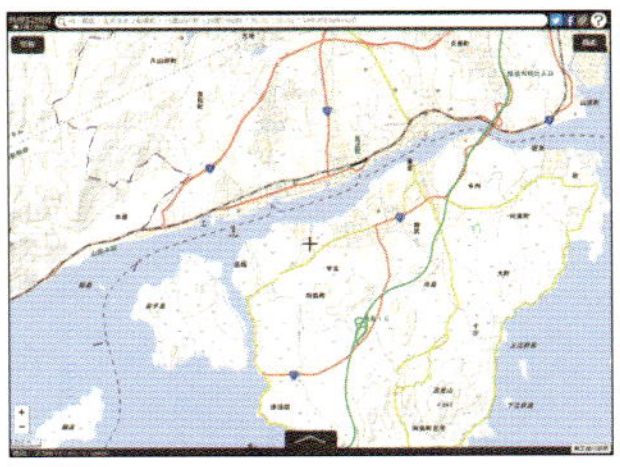

画面左上の「情報」をクリックすると、デジタル標高地形図や1936年以降の空中写真を見ることができる。右上の「機能」からは現在位置を表示可能。

Part2の地図の見方

現在や過去の地形図
ページによっては、参考として現在もしくは過去の地形図（2万5000分の1と5万分の1）も掲載した。縮尺は原寸。

伊能隊の宿泊地と宿泊年月日（旧暦）
[ ] 内の数字は江戸から何日目かを示す（「InoPedia」を参考にした）。色は第何次の測量かを示す。本隊から派遣された支隊の宿泊年月日の場合は、（支隊）と記した。なお、旧暦では1か月29日の月と30日の月があることにご留意ください。

現代の20万分の1地勢図
縮尺は原寸。

この地域の注目ポイント

この地域の名称

第何次測量で訪れたか
（p8の測量ルート地図参照）
1次 2次 3次 4次 5次 6次 7次 8次 9次

ページに掲載している範囲

伊能図の縮尺
なるべく広い範囲を掲載できるように縮小した。各ページごとに縮小率は異なる。

大図の通し番号と名称と所蔵元
A＝アメリカ議会図書館（p22～25、46～47、57以外は国土地理院による彩色図p96参照）、K＝国立国会図書館、R＝国立歴史民俗博物館、Y＝山口県文書館

北海道

標津《しべつ》・根室

野付《のつけ》半島の消えた宿場「ノッケ」の今は？

今では荒涼たる原野の野付崎に、当時は「ノッケ」という集落があった(「フッケ」は誤記)。国後島《くなしり》へ渡る人をチェックする野付通行屋《つうこうや》という関所があり、色街もあったというから驚く。発掘調査によれば、建物跡や食器が発見され、会津藩士の墓も残っている。しかし、この遺跡も海面の上昇や波による浸食で、海の底になりつつあるようだ。まさに幻の集落といえる。ちなみにここを測量したのは忠敬ではなく、間宮林蔵《まみやりんぞう》だとされる。間宮は忠敬のような測量日記を残していないので当時の集落のようすはわからない。間宮がもっと筆マメだったらよかったのに……。

／20万分の1地勢図「標津《しべつ》」／

0 1:200000 5km

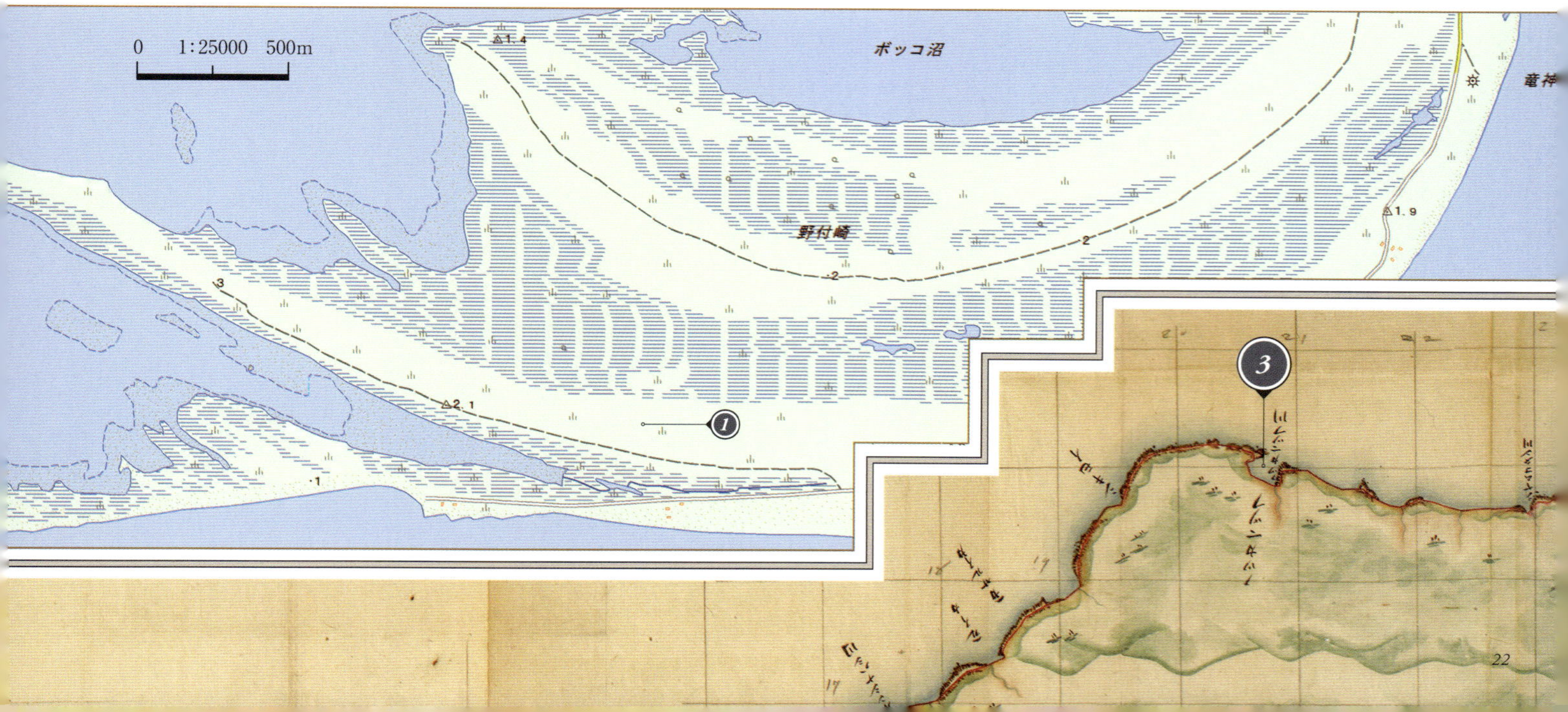

① 野付通行屋

忠敬が第1次測量を開始した前年の寛政11（1799）年に設置された関所。国後島への渡航船が用意されていたほか、周辺にはニシン漁のための番屋も作られてにぎわっていた。現在の野付崎はトドワラ、ナラワラと呼ばれる枯れた森が広がっている。集落跡から出土した遺物は、別海（べつかい）町郷土資料館に展示されている。

② ニシベツ（西別）

現・別海町本別海。忠敬の第1次測量の最終到達地点であり、忠敬が足をのばした最東端でもある。ただし測量をしたのは、ここより南方の厚岸（あつけし）まで。厚岸からは風蓮湖を船で渡ってきた。ニシベツでは「仮家」に2泊。日記には「ここは残らず仮家なり」と書いている。サケ漁の盛期のため船を手配することができず、根室へ測量に行くことはあきらめて船で厚岸に戻って帰路についた。現在は西別川の河口に「到達最東端」の記念柱が建てられている。

③ ノッカマップ

安永7（1778）年にロシア人が国後島アイヌのツキノエの案内で交易を求めてこの地に来航した。寛政元（1789）年には「クナシリ・メナシの戦い」（松前藩と商人に対するアイヌの蜂起）の取り調べのために松前藩の鎮圧隊が上陸し、アイヌ37人を処刑するという事件が起こった。

2万5000分の1地形図「野付岬」

北海道

石狩

石狩川の流路が変わった。札幌の町がまだない

忠敬は北海道の南岸しか測量していないので、ここも間宮林蔵が測量した。石狩川に測線が描かれていることから、川に船を浮かべて測量したと考えられる。当時の川のまわりは泥炭の湿地だったので、歩くのはむずかしかったのだろう。川の流れはくねくねとうねっていたが、現在ではまっすぐに海に向かってショートカットされている。かつての河道は三日月形の河跡湖として残された。川の南西の大きな空白には、現在はご承知のとおり大都市・札幌の町が広がっている。たった200年でこれほどの町が出現するとは！

① 石狩川と茨戸《ばらと》川

石狩川は明治以降に河川の改修が行なわれ、現在の札幌大橋から下流が直線化された。現在の茨戸川がかつての河道である。河口の位置は土砂の堆積によって北東に移動した。

② 札幌

地名はアイヌ語の「サッポロペッ（乾いた大きな川）」または「サリポロペッ」（アシ原の広い川）」に由来。明治2（1869）年に開拓使が設置され、都市建設がスタートした。

③ 石狩平野の山々!?

山が描かれているが、実際は昔も今も平野である。間宮林蔵の測量データを地図化するときに、石狩川のくねくねとした流れを見て「穿（せん）入曲流」（山を穿って蛇行している）と勘違いして山を描いてしまったのだ。

／20万分の1地勢図「札幌」「留萌《るもい》」／

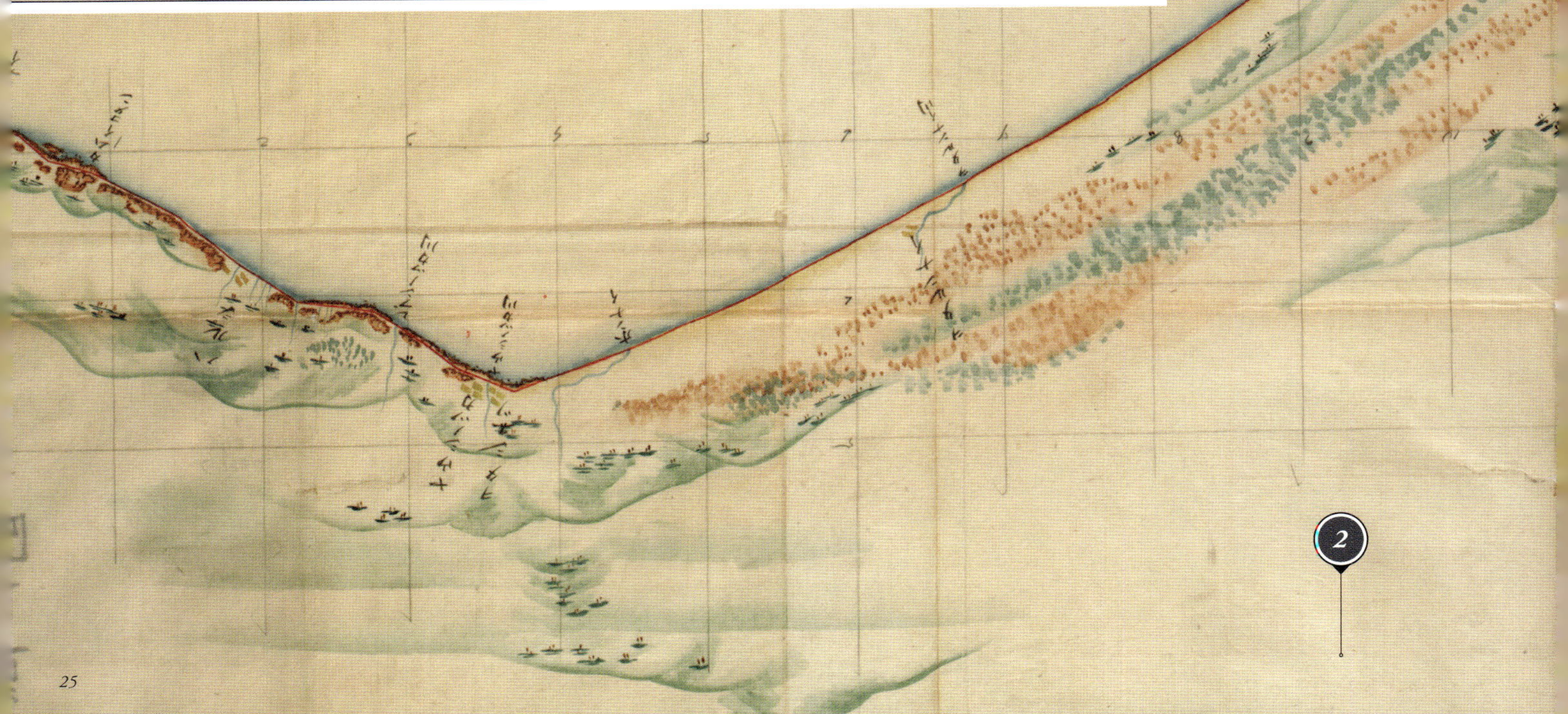

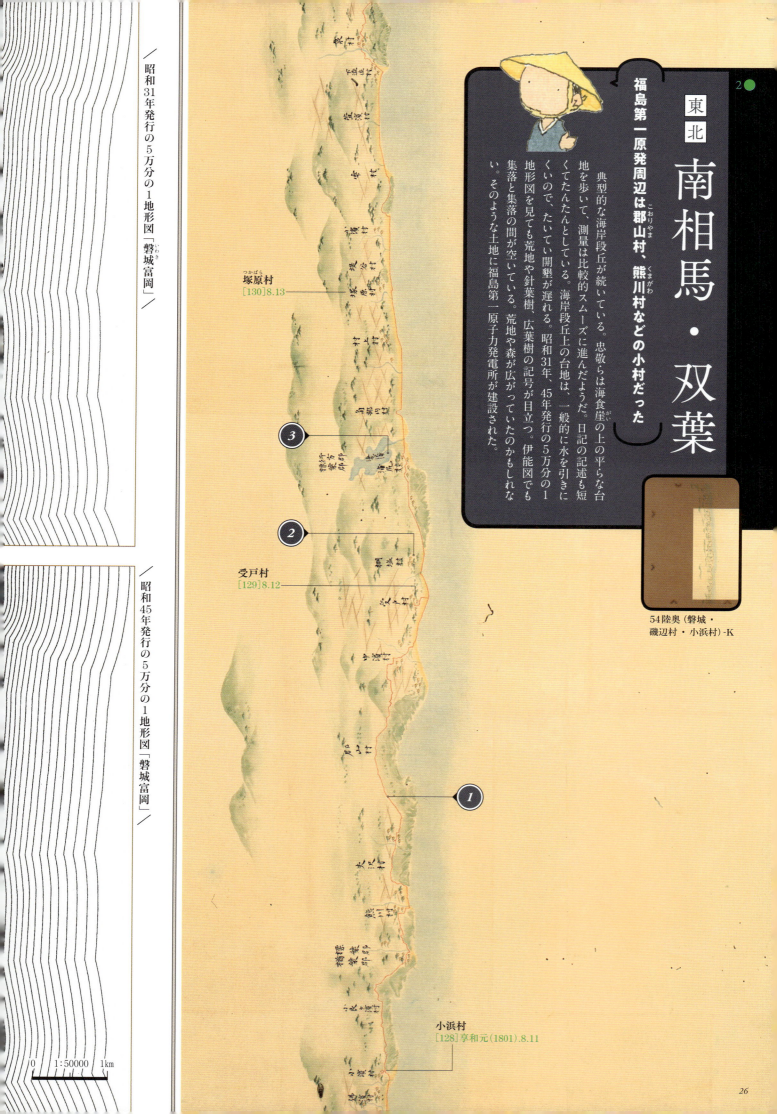

東北

南相馬・双葉

福島第一原発周辺は郡山《こおりやま》村、熊川《くまがわ》村などの小村だった

典型的な海岸段丘が続いている。忠敬らは海食崖《がい》の上の平らな台地を歩いて、測量は比較的スムーズに進んだようだ。日記の記述も短くてたんたんとしている。海岸段丘上の台地は、一般的に水を引きにくいので、たいてい開墾が遅れる。昭和31年、45年発行の5万分の1地形図を見ても荒地や針葉樹、広葉樹の記号が目立つ。伊能図でも集落と集落の間が空いている。荒地や森が広がっていたのかもしれない。そのような土地に福島第一原子力発電所が建設された。

54陸奥（磐城・磯辺村・小浜村）-K

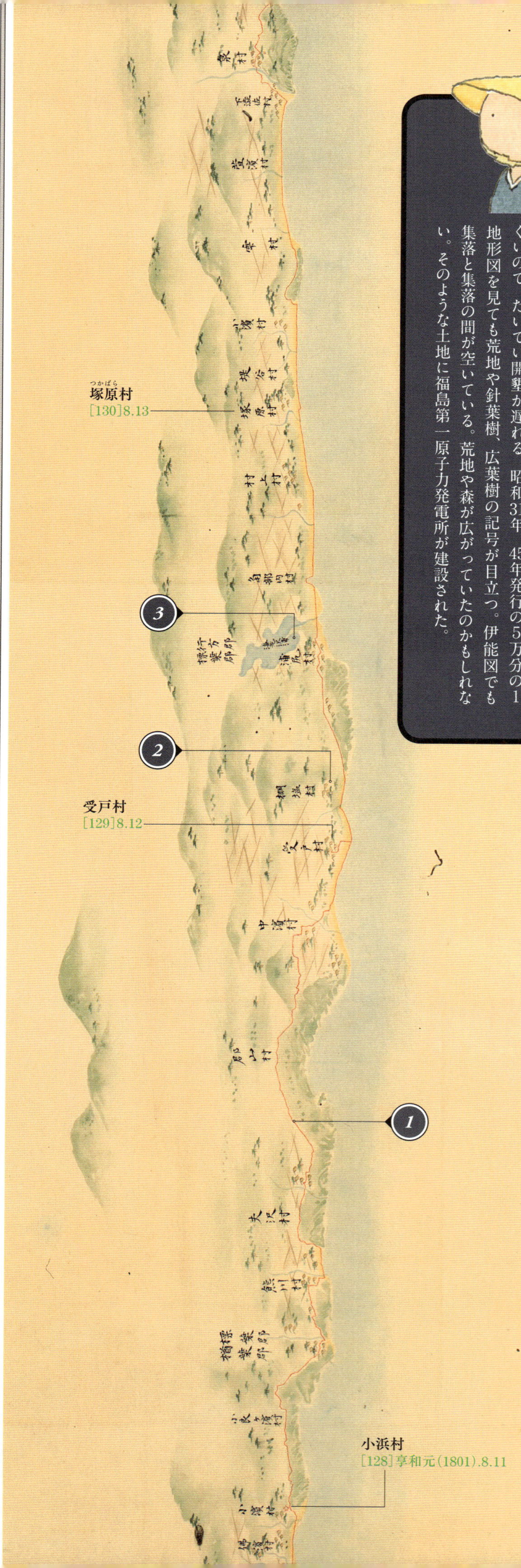

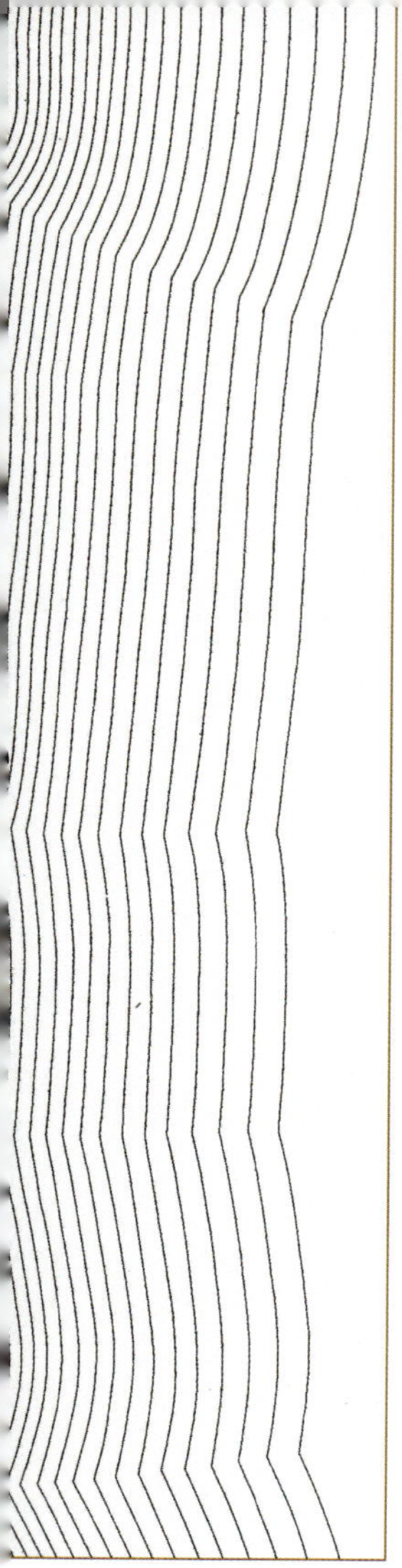

／昭和31年発行の5万分の1地形図「磐城《いわき》富岡」／

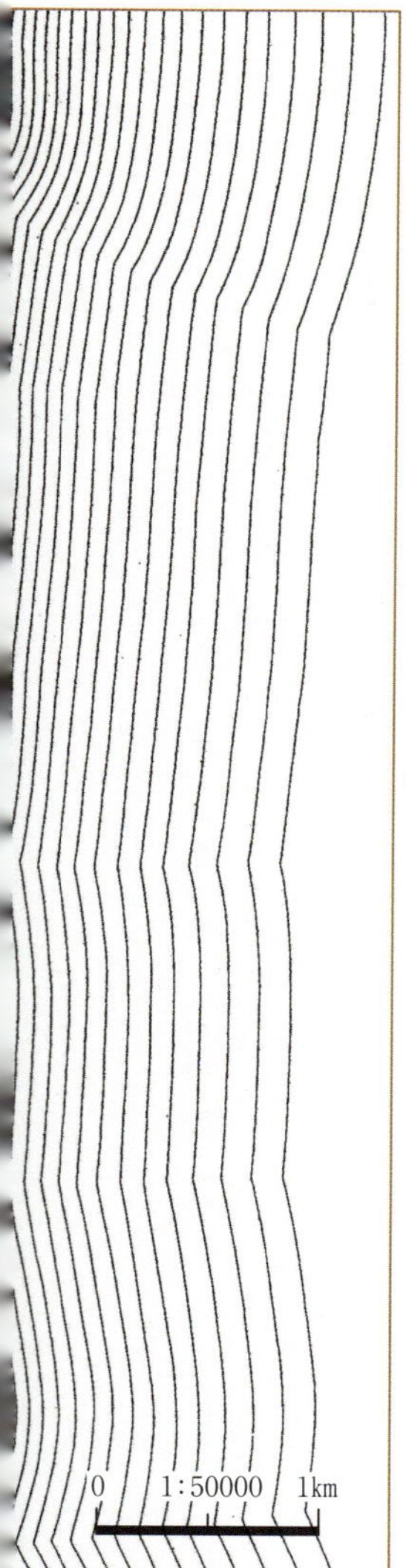

／昭和45年発行の5万分の1地形図「磐城富岡」／

① 福島第一原発

昭和31年発行の地形図を見ると、広葉樹の台地に「大芋澤」という地名と戸数の少ない集落が描かれている。昭和42（1967）年に1号機が着工され、46（1971）年に営業が開始された。

② 棚塩《たなしお》村

現・浪江（なみえ）町棚塩。東北電力の浪江・小高（おだか）原発の建設予定地だったが、3・11を契機に建設中止になった。跡地には水素製造拠点などを含む棚塩産業団地が建設される予定。

③ 海老沢浦

宮田川下流の井田川浦は大正10（1921）年から昭和11（1936）年にかけて干拓されて水田となった。南側に縄文時代の浦尻貝塚（国指定史跡）があり、貝のほか竪穴住居などが出土している。

0　1:200000　5km

／20万分の1地勢図「福島」／

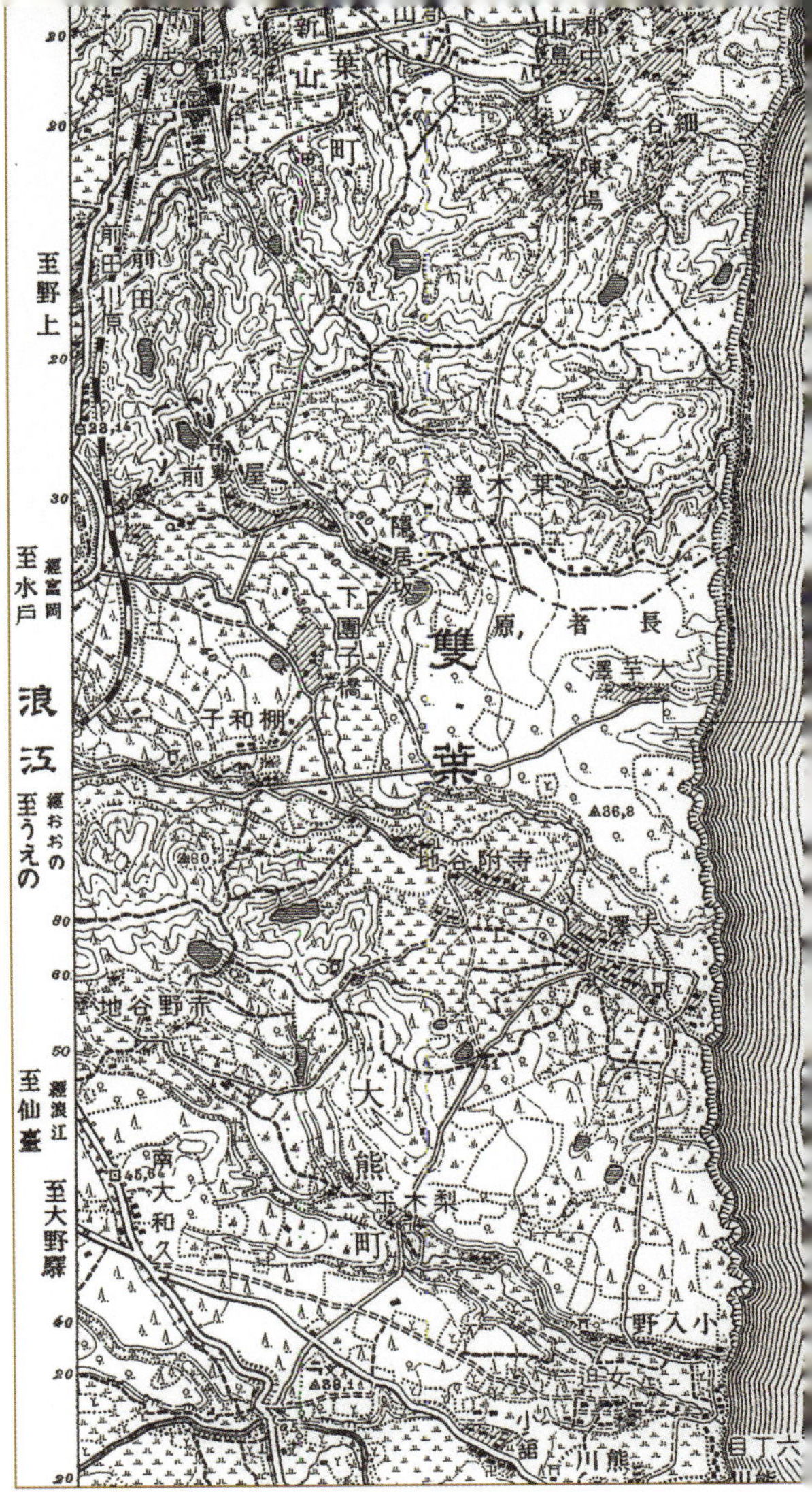

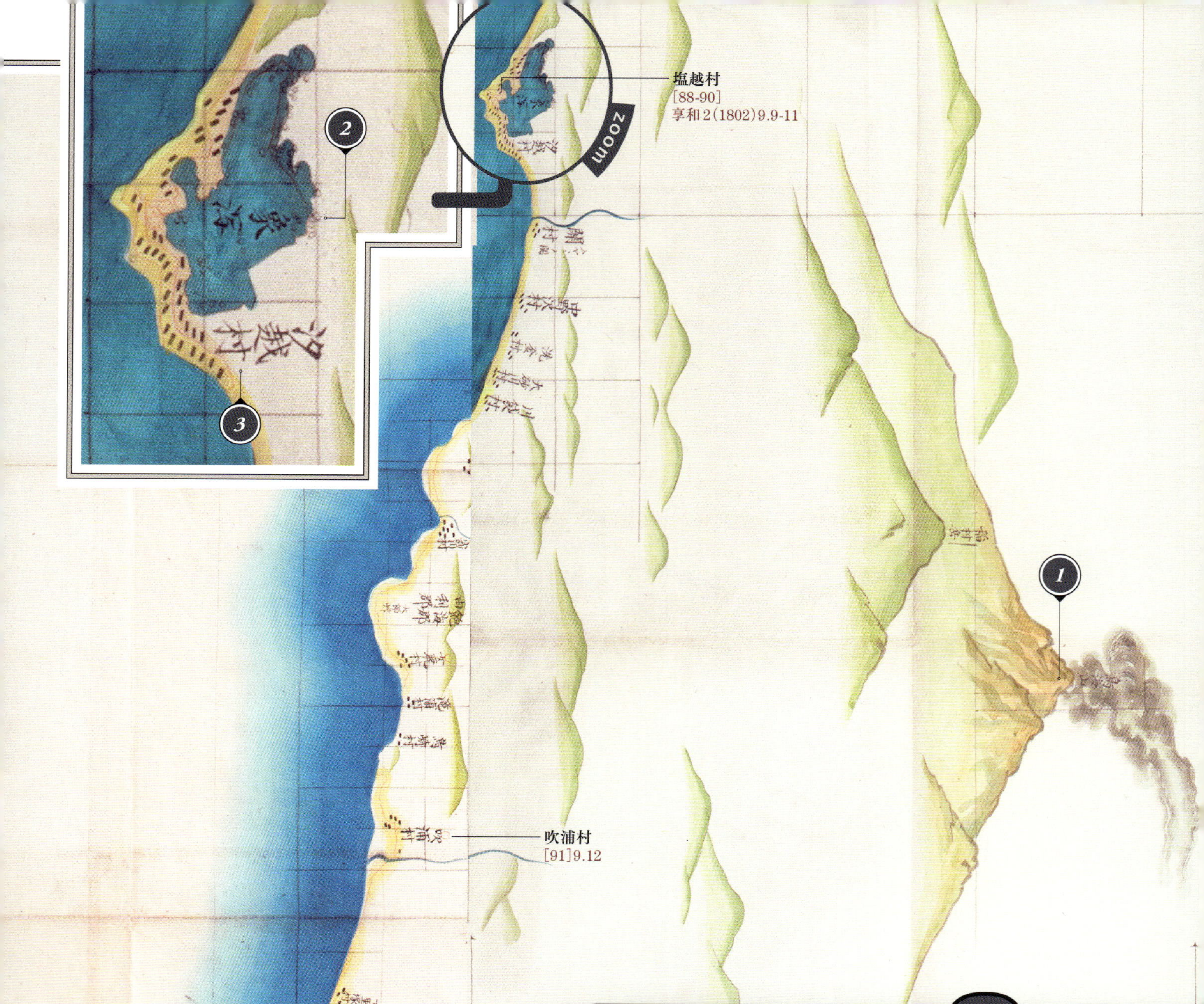

3

東北

酒田

象潟《きさかた》地震以前の幻の象潟が記されている

鳥海《ちょうかい》山が噴煙を吐いている。鳥海山は寛政12（1800）年からその翌年にかけて噴火した。伊能が訪れたのは享和2（1802）年なので、まだ火山活動が活発だったのだろう。その2年後の文化元（1804）年、こんどは大地震が起きた（象潟地震）。土地が隆起して、象潟の湖が陸地化してしまった。象潟は「東の松島、西の象潟」と呼ばれ、芭蕉の句に詠まれた景勝地だったが、伊能はその最後の姿をとどめたことになる。よく見ると象潟に浮かぶ小さな島々も赤い線で囲まれていて、測量が行なわれたことがわかる。これらの島々は現在では水田のなかの小さな丘として残っている。

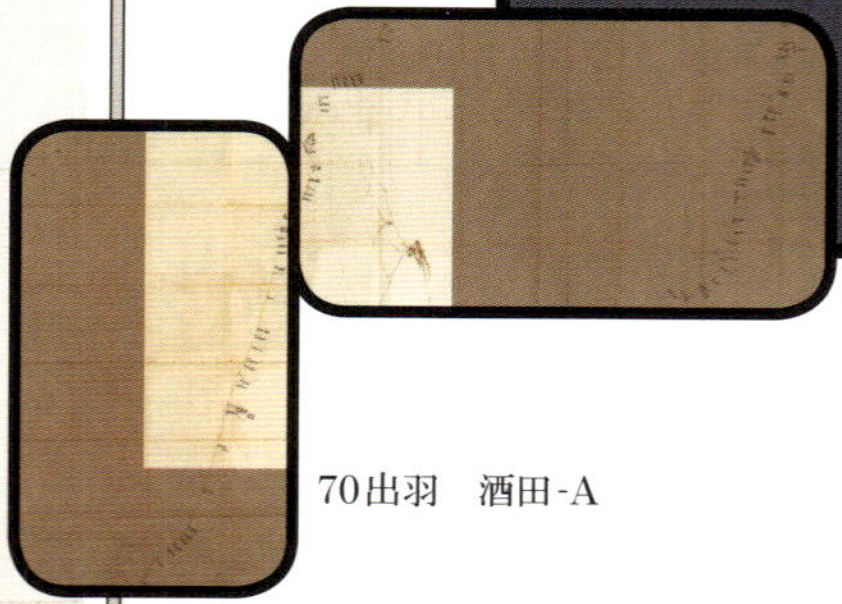

64出羽　横手　皆瀬川　象潟　鳥海山-A

70出羽　酒田-A

／20万分の1地勢図「酒田」「新庄」／

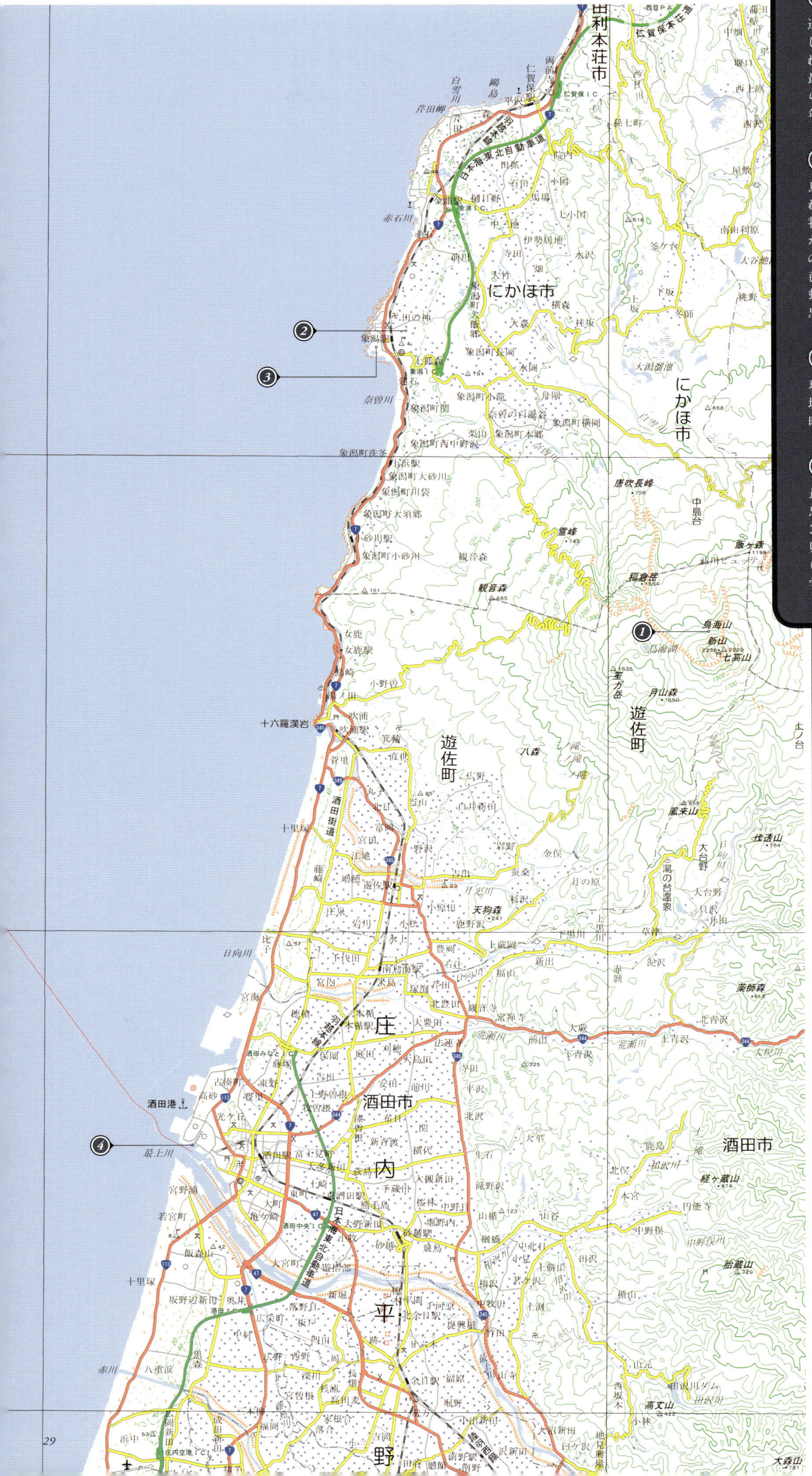

① 鳥海山

通称・出羽富士。古くから霊峰として崇められ、信仰登山が行なわれた。享和元（1801）年の噴火で現・最高峰の新山（2236m）が形づくられた。近年では昭和49（1974）年に小噴火を起こした。

② 象潟

鳥海山から流れ出た火山泥流が流れ山を作り、湖に島々が浮かぶ独特の景観を作り出していた。古くから歌枕として知られ、平安時代の能因法師などの歌に詠まれた。芭蕉は『奥の細道』の旅で訪れ、蚶満（かんまん）寺に句碑が残る。忠敬も同寺を訪れた。

③ 汐越村《しおこし》

現在のにかほ市象潟町1～5丁目塩越。象潟駅の西側にあたる。当時は日記によれば家423軒。

④ 酒田港

最上川流域でとれた米の集散地。忠敬の日記によれば酒田町は家3450軒。最上川河口の北は、山形県では珍しい埋め立て地。昭和45（1970）年から新港が建設され、化学工場や火力発電所が建設された。

東北 会津若松・米沢

会津と米沢を結ぶ檜《ひ》原《ばら》峠は磐《ばん》梯《だい》山の噴火で廃道に

会津若松と米沢を結ぶ当時のメインルートである。ところが、忠敬が歩いてから約90年後の明治21（1888）年、磐梯山が噴火してルートが寸断されてしまった。檜原川がせき止められて桧原湖となり、檜原宿が湖の底に沈んでしまったのである。現在の2万5000分の1地形図を見ても、桧原峠の道は書かれておらず、廃道になってしまったようだ。だれか道の痕跡を探しだしてくれないだろうか……。

67出羽・陸奥（磐城・磐梯山・岩代・若松・猪苗代湖）-K

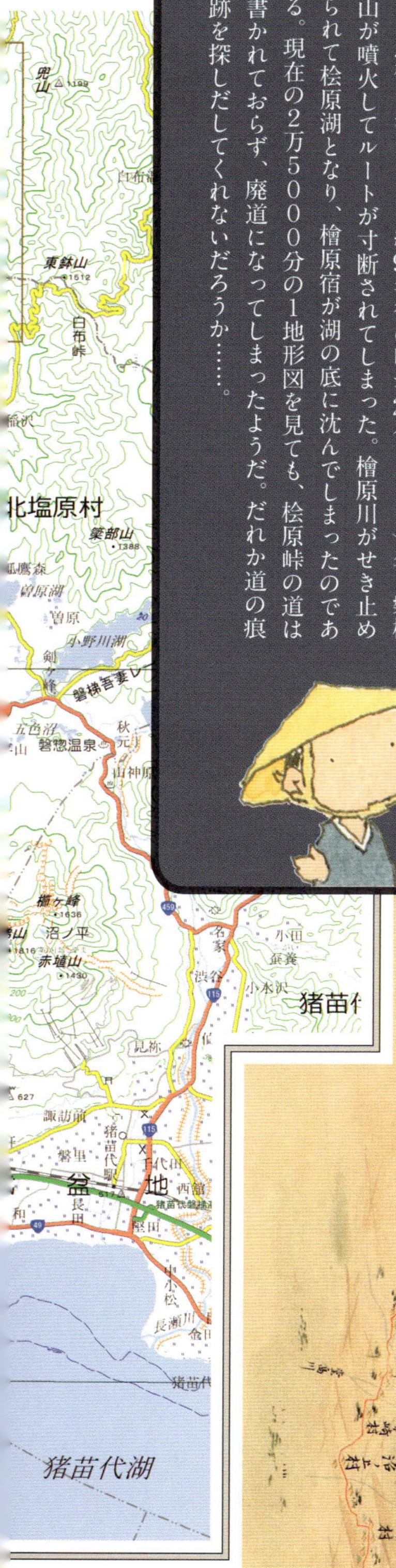

／2万5000分の1地形図「桧原湖」／ 0 1:25000 500m

／20万分の1地勢図「福島」「新潟」／ 0 1:200000 5km

③ 大塩宿

日記によれば「塩水の涌く井戸があり、釜で炊いて塩をとる。五釜十石の水で塩五斗がとれるが、会津の殿様用なので売買はしない」。現在も大塩裏磐梯温泉で「山塩」を作って名産にしている。

② 檜原大峠（檜原峠）

会津と米沢を分ける峠。標高約1100m。忠敬は「檜原大峠から下りは屈曲が多くてけわしい」と日記に書いている。現在の米沢街道は北東の国道121号の大峠トンネルを抜ける。

① 檜原宿

伊能図を見ると開けた土地に見える。平らな盆地だったか。日記によると、住民はお椀などの挽き物を作って若松城下へ卸していた。南の「アララキ峠」は現在の蘭（あららぎ）峠、「萱峠」は大塩峠。

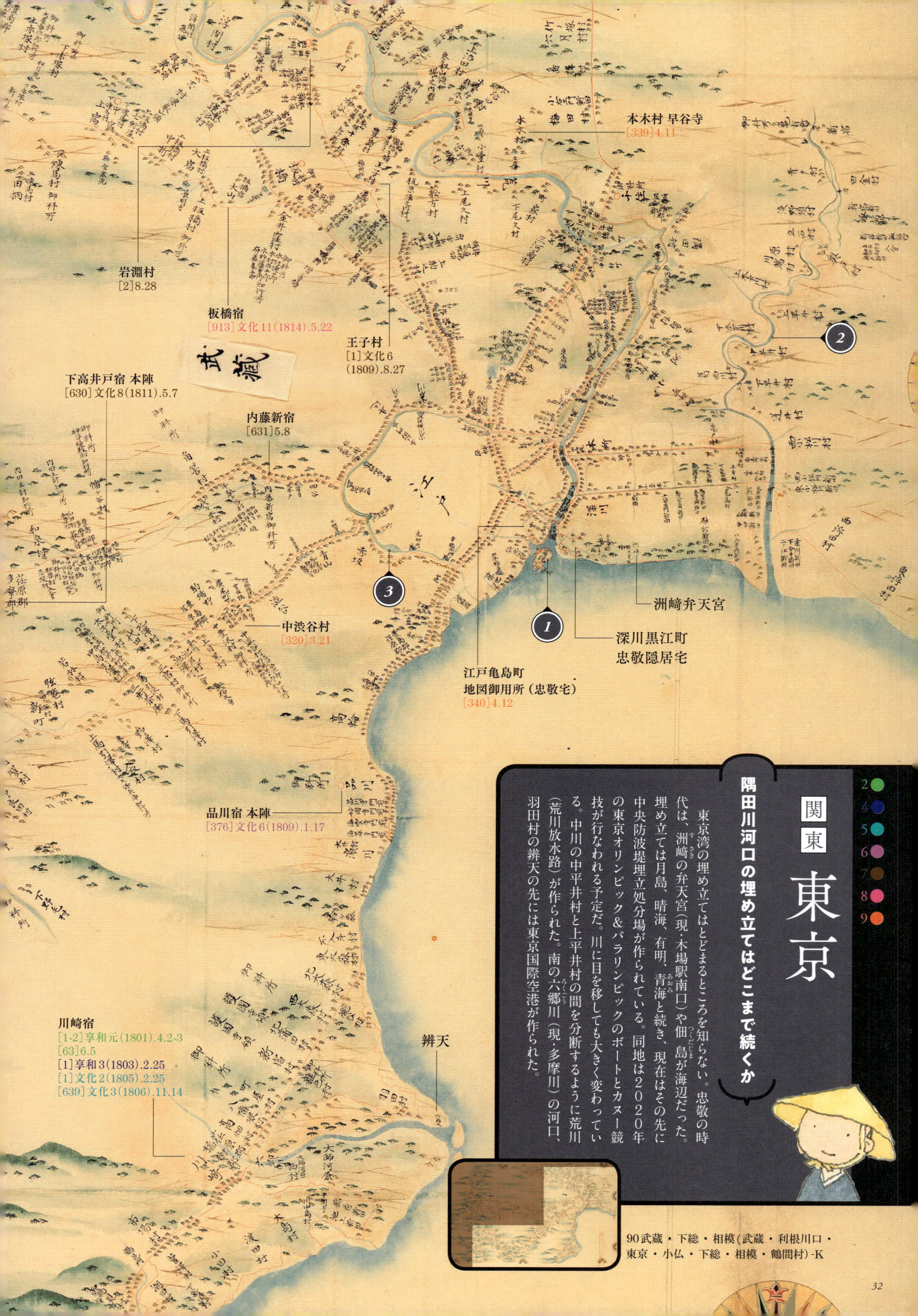

関東 東京

隅田川河口の埋め立てはどこまで続くか

東京湾の埋め立てはとどまるところを知らない。忠敬の時代は、洲崎《すさき》の弁天宮（現・木場駅南口）や佃島《つくだじま》が海辺だった。埋め立ては月島、晴海、有明、青海《あおみ》と続き、現在はその先に中央防波堤埋立処分場が作られている。同地は２０２０年の東京オリンピック＆パラリンピックのボートとカヌー競技が行なわれる予定だ。川に目を移しても大きく変わっている。中川の中平井村と上平井村の間を分断するように荒川（荒川放水路）が作られた。南の六郷川《ろくごう》（現・多摩川）の河口、羽田村の辨天の先には東京国際空港が作られた。

90武蔵・下総・相模（武蔵・利根川口・東京・小仏・下総・相模・鶴間村）-K

／20万分の1地勢図「東京」／

0　1：200000　5km

① 佃島

江戸時代の初めに徳川家との縁で大坂の佃村の漁師たちが移住してきて漁業に従事した。佃煮発祥の地。南が埋め立てられて月島ができたのは明治から昭和初頭にかけてである。

② 中川

大正13（1924）年の荒川（荒川放水路）の完成によって、このあたりで流れが分断された。放水路は隅田川の洪水を防ぐために計画され、岩淵（現・赤羽駅の北）から新しい水路が作られた。

③ 溜池《ためいけ》

今は地名にしか残っていない赤坂の溜池が描かれている。溜池は江戸初期に江戸城の外堀と飲料用のダムを兼ねて作られ、明治になってからだんだんと埋め立てられていった。

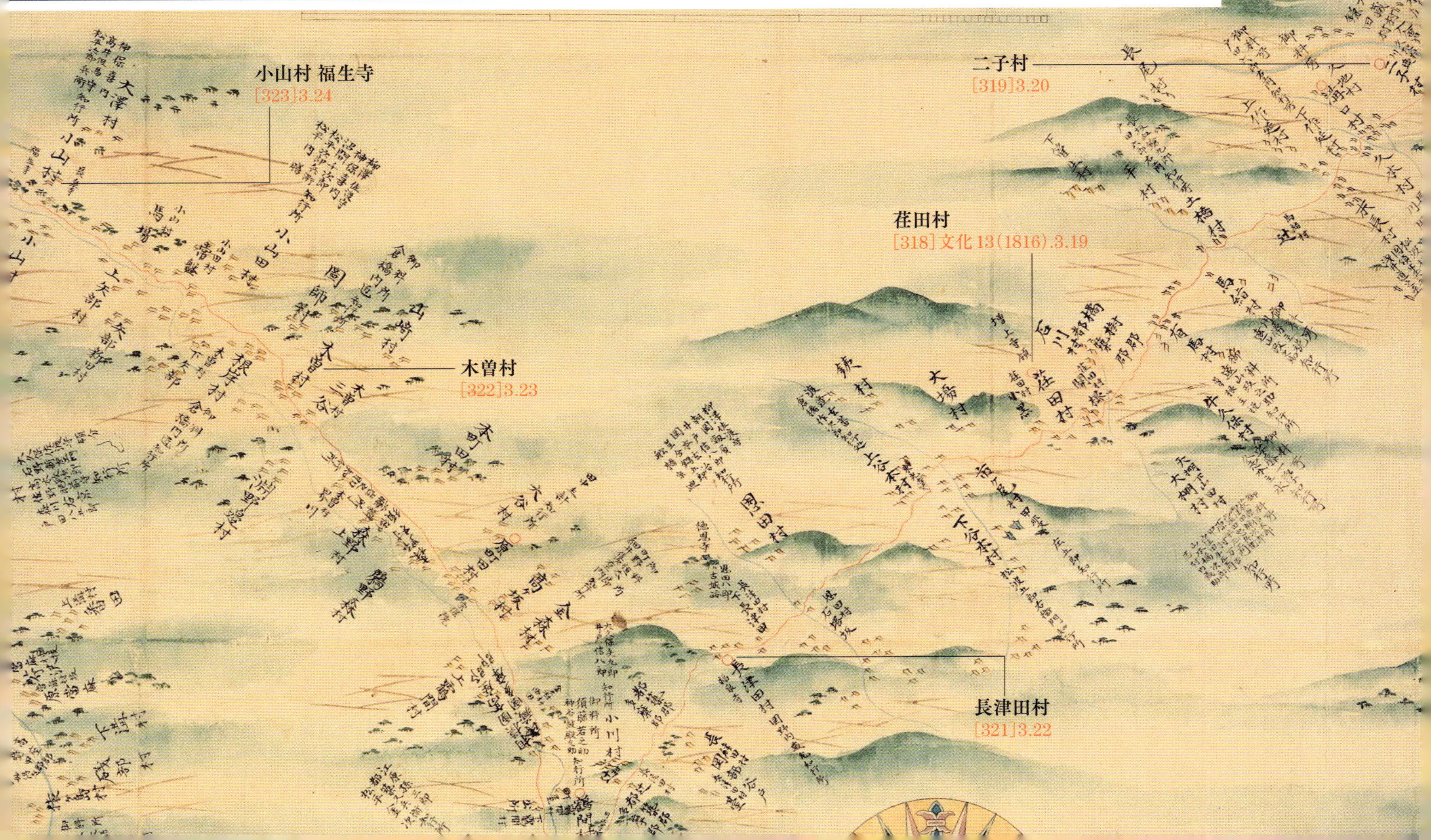

関東

横浜・横須賀

横濱村は本当に横に長い浜だった

2 4 5 6 8 9

幕末に諸外国から開港を迫られた幕府は、神奈川の開港を約束したものの、実際に港を開いたのは東海道から離れた小村の横濱村だった。伊能図を見ると、その名のとおり横に長い浜（砂州）が延びている。外国人たちは「ココ神奈川ジャナイヨ！」と怒ったらしいが、その後の発展は周知のとおりである。六浦《むつら》（現・金沢八景駅周辺）から浦郷村《うらのごう》（現・追浜《おっぱま》駅周辺）の海岸線も大きく変わった。浦郷村沖の夏島《なつしま》周辺は埋め立てられて、現在は日産自動車追浜工場などに。

93武蔵・相模
（相模・横須賀・馬入川・武蔵・神奈川）-K

① 横濱村

安政6（1859）年に開港され、砂州は外国人居留地になり、内湾は埋め立てられた。明治3（1870）年には神奈川宿から野毛方面に湾を横断するように築堤が設けられ、鉄道が敷かれた。

② 金沢八景

江戸初期に明（みん）から来た心越禅師が風光を称えて「洲崎の晴嵐」「野島の夕照」などの八景を命名。浮世絵にも描かれた。当時は能見（のうけん）堂の下まで海だったが、埋め立てられた。

③ 江ノ島

日記によれば、腰越（こしごえ）村に泊まる予定が、干潮で江ノ島に歩いて渡れそうなので江ノ島を測量し、岩屋の竜池を見学して島に宿泊した。翌日も三弁天に参詣し、昼まで測量。

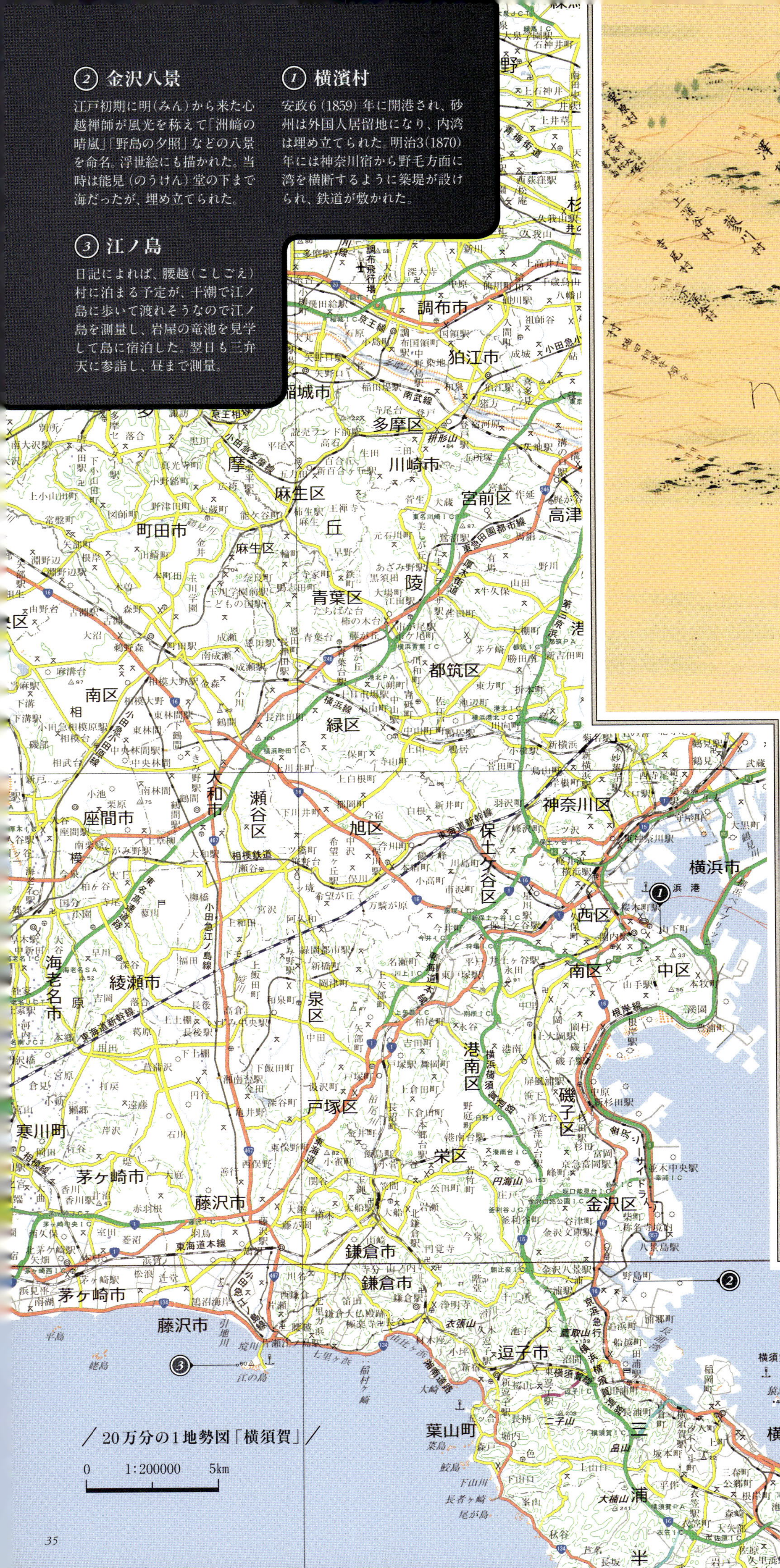

/ 20万分の1地勢図「横須賀」/

0　1:200000　5km

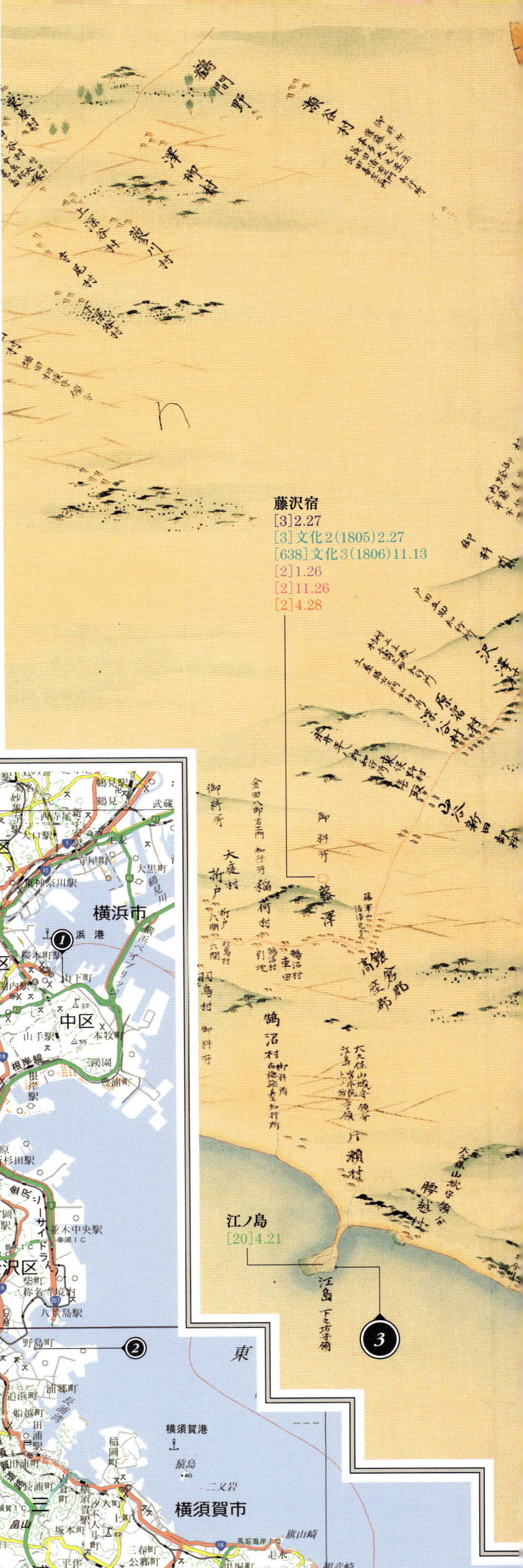

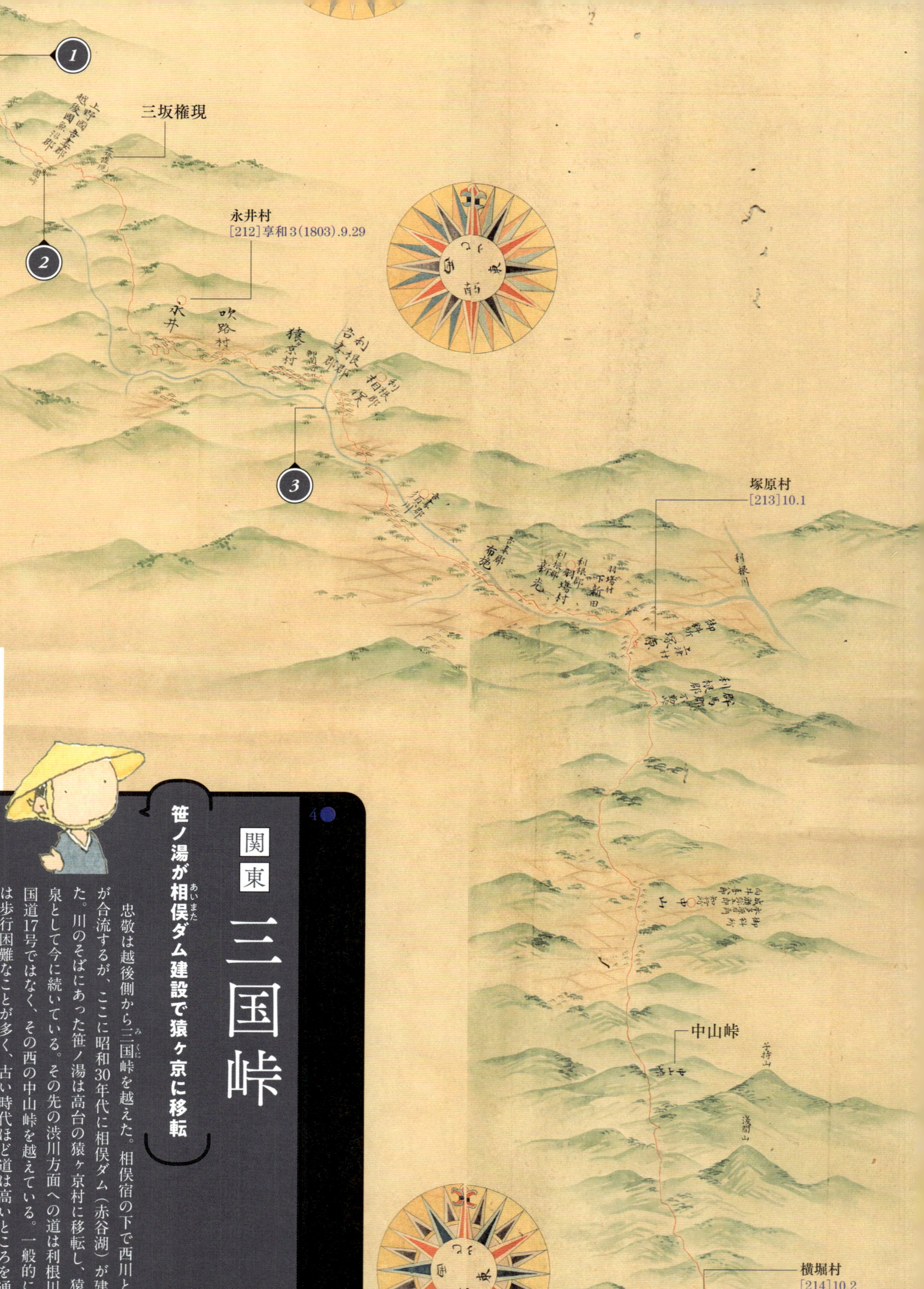

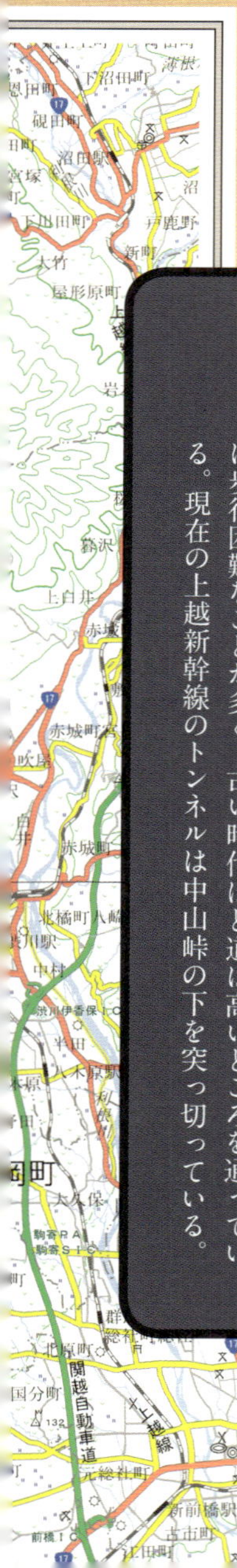

関東

4

三国峠

笹ノ湯が相俣《あいまた》ダム建設で猿ヶ京に移転

忠敬は越後側から三国《みくに》峠を越えた。相俣宿の下で西川と赤谷《あかや》川が合流するが、ここに昭和30年代に相俣ダム（赤谷湖）が建設された。川のそばにあった笹ノ湯は高台の猿ヶ京村に移転し、猿ヶ京温泉として今に続いている。その先の渋川方面への道は利根川沿いの国道17号ではなく、その西の中山峠を越えている。一般的に谷の道は歩行困難なことが多く、古い時代ほど道は高いところを通っている。現在の上越新幹線のトンネルは中山峠の下を突っ切っている。

78上野（上野・渋川・羽場村・下野・日光山）-K

79越後（上野・新巻・越後・浅貝・笠山）-K

① 浅貝《あさかい》

現・湯沢町三国。昭和34（1959）年に国道17号の三国トンネルが開通。昭和36（1961）年に苗場国際スキー場が開業し、ペンション街となった。フジロックフェスティバルの会場も苗場スキー場。

② 三国峠

標高1244 m。当時の道は、峠の北側は今の国道17号とほぼ重なるが、南側は国道より東を通っていた（現在はハイキング道）。峠近くの「三坂権現」とは、越後の弥彦明神、上野の赤城明神、信濃の諏訪明神を祀った三国権現のこと。峠には「三国峠を越えた人々」の碑があり、坂上田村麻呂に始まり、忠敬の名前も記されている。

③ 相俣ダムと猿ヶ京

昭和28（1953）年に建設が開始され、昭和34（1959）年に完成。水没することになった笹ノ湯（下の地形図参照）は猿ヶ京に移転し、湯島温泉と一体化して猿ヶ京温泉となった。猿ヶ京には関所があり、今は建物の一部が資料館に。

0　1:200000　5km

／20万分の1地勢図「高田」「長野」「宇都宮」／

0　1:50000　1km

／昭和34年発行の5万分の1地形図「四万《しま》」／

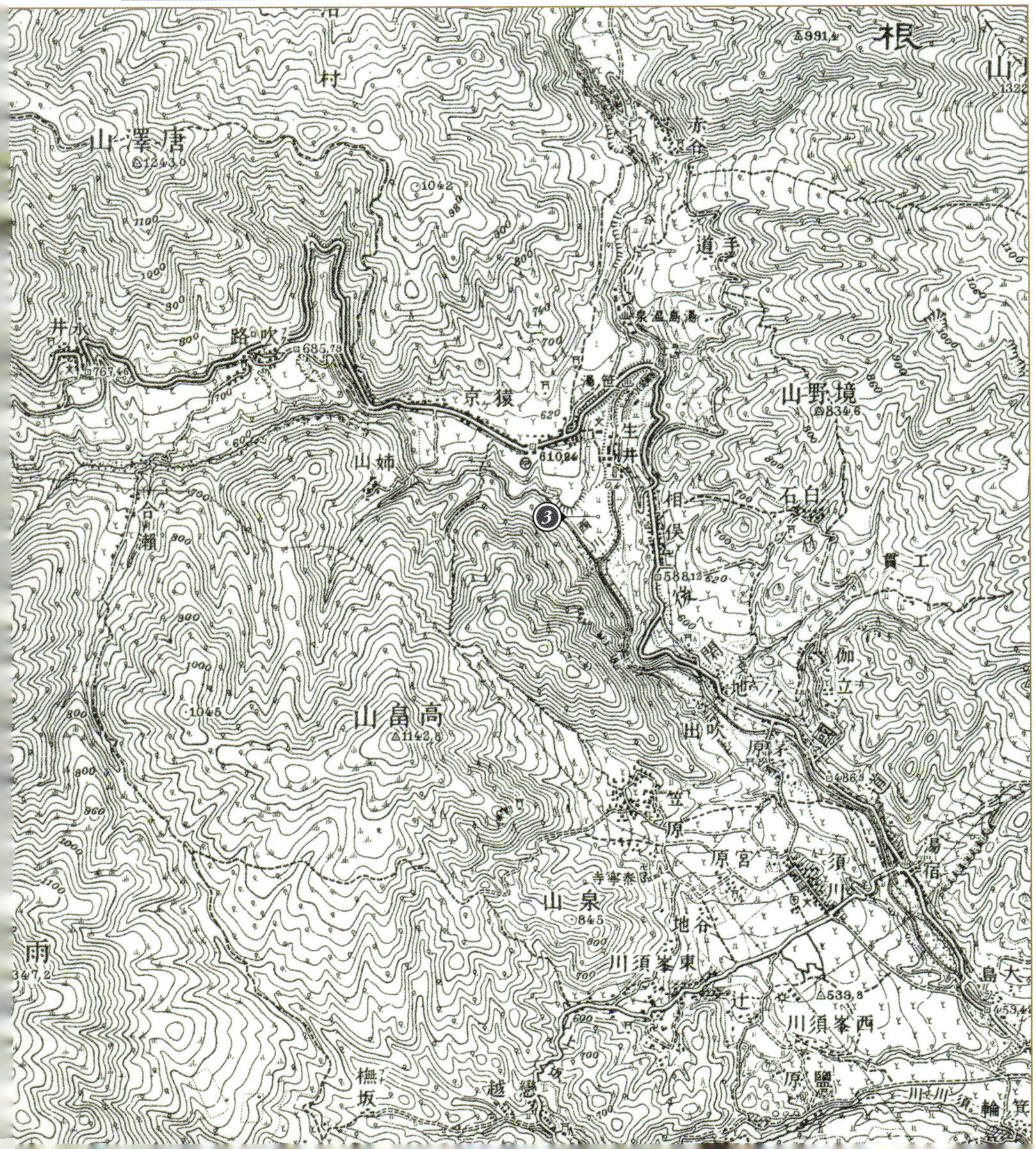

関東

三宅島・八丈島

三宅島の新ミヨ池は噴火で消失。八丈小島は無人島に

伊豆七島には、忠敬は高齢のため不参加。隊員たちは風と潮流に翻弄される。5月に下田から八丈島へ出帆したが、逆風で三宅島に漂着して一部を測量。八丈島を測量後、再び三宅島に戻ろうとするが、漂流して7月3日に三浦半島の三崎に漂着。めげずに風待ちをして11日に三宅島に再上陸した。伊豆七島では、現在も道がないような断崖絶壁を測量するという困難に立ち向かった。三宅島は、昭和58（1983）年の噴火で新ミヨ池がなくなるなど、噴火の影響を大きく受けている。伊能隊が泊まった八丈小島の鳥打《とりうち》村は昭和44年に廃村になった。

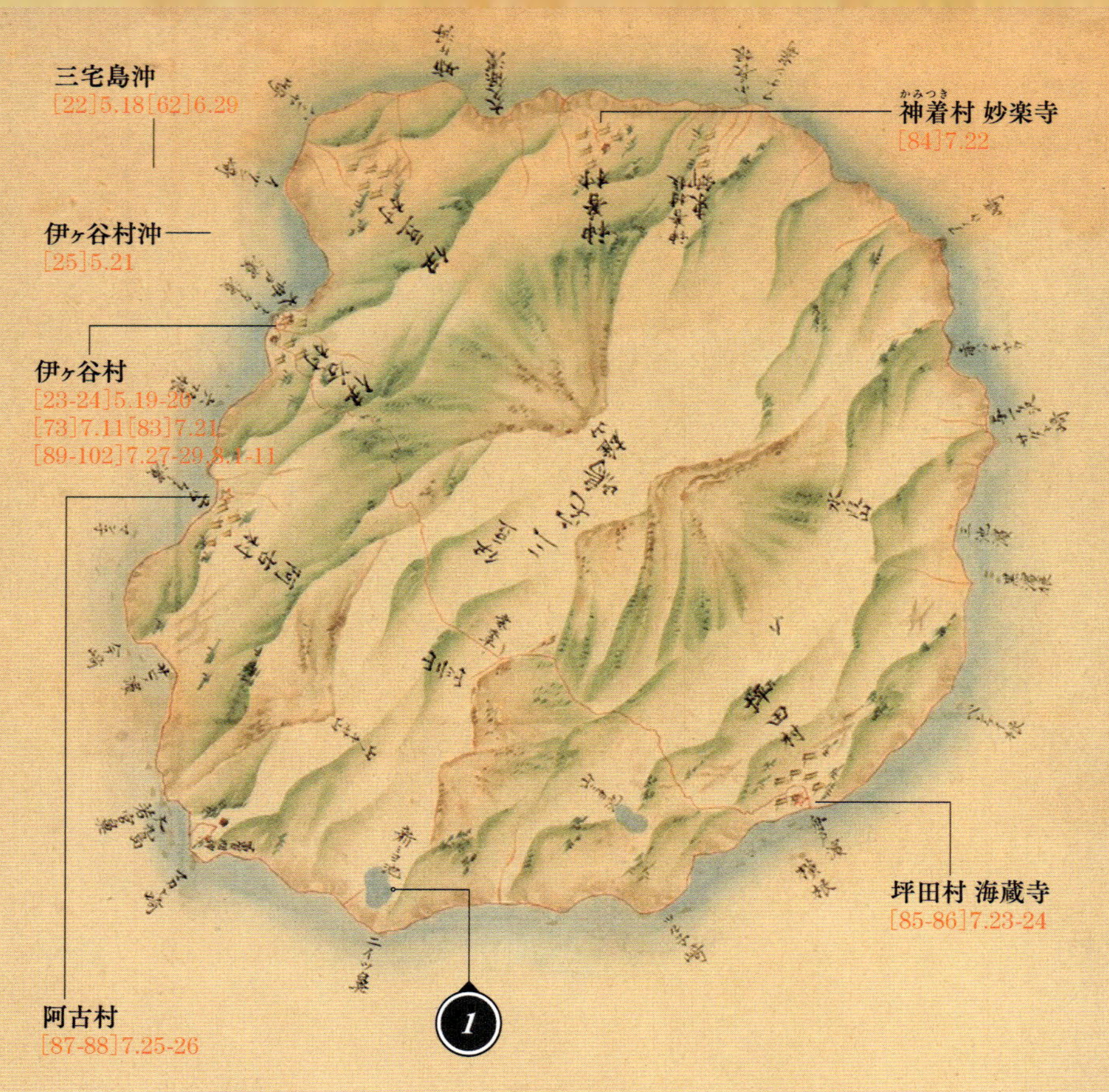

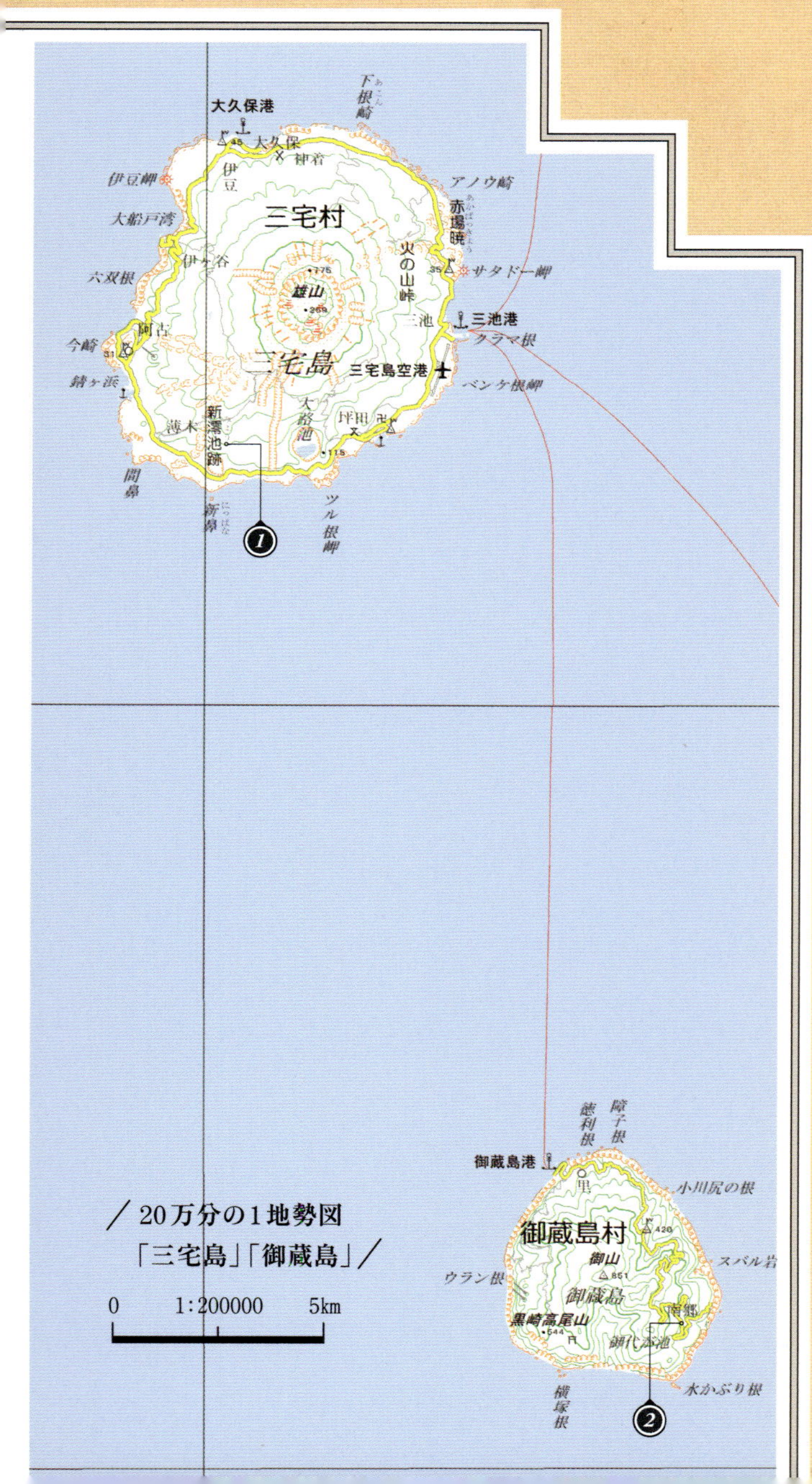

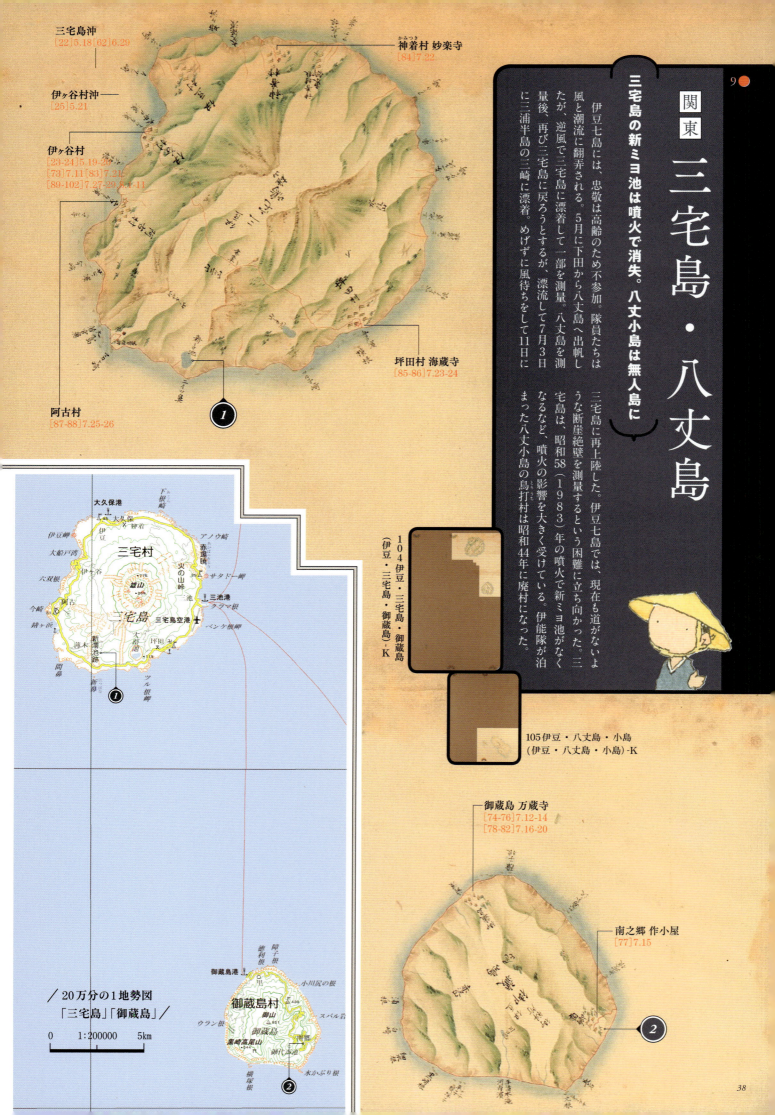

104伊豆・三宅島・御蔵島（伊豆・三宅島・御蔵島）-K

105伊豆・八丈島・小島（伊豆・八丈島・小島）-K

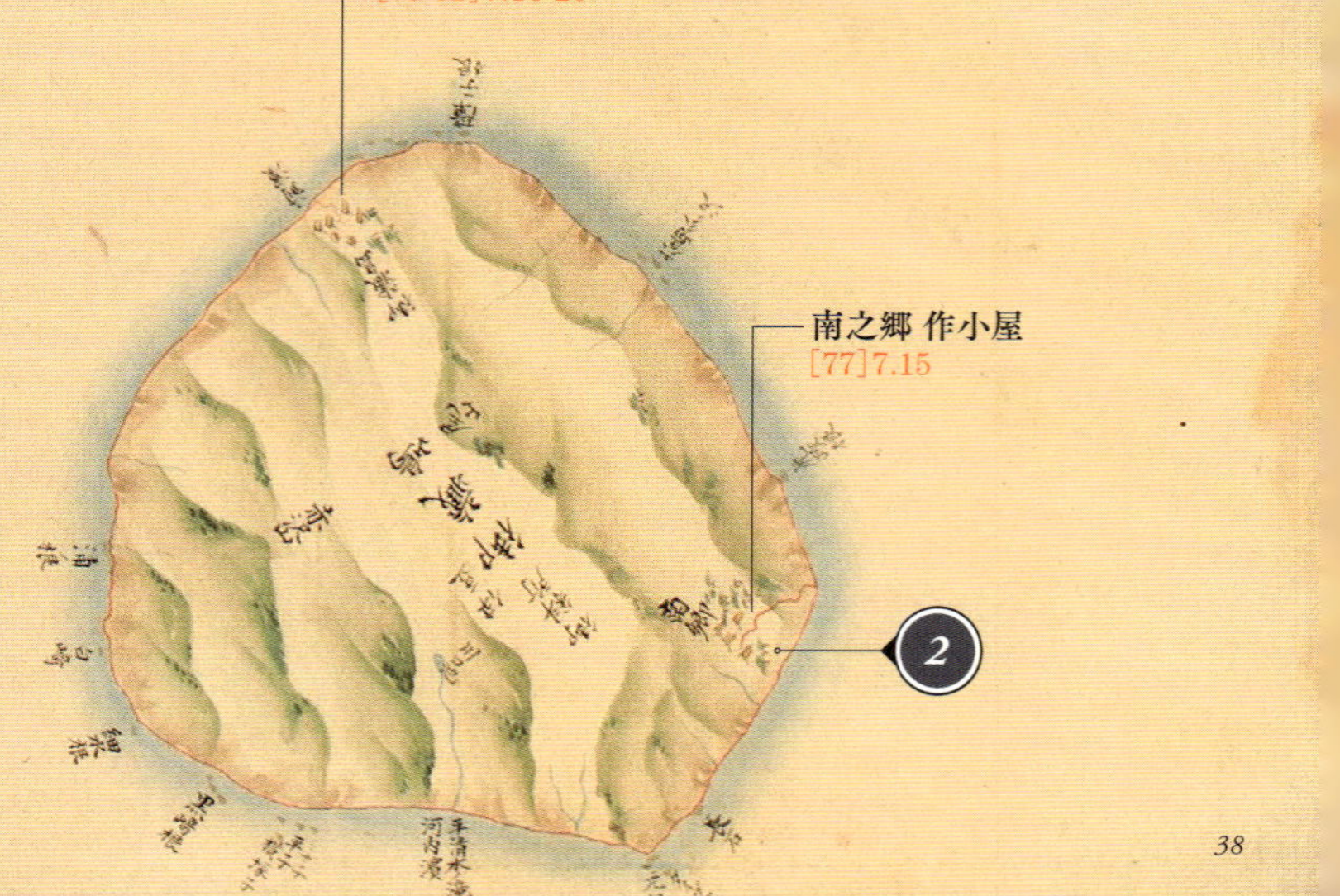

① 新ミヨ池（新《しん》澪《みょう》池）

宝暦13（1763）年の噴火でできた火口湖。水面が七色に変化する美しい池だったが、昭和58（1983）年の噴火で溶岩が落ちて、水蒸気爆発が起こって水がなくなった。

② 南郷（南ノ郷）

隊員らは「猿のごとく木によじ登って」到着した。里集落の人が春と秋に出張作業をするための作業小屋があり、そこに宿泊。秋はカツオドリ（オオミズナギドリ）を土中からつかまえてシオカラにしたと日記に記されている。南郷には明治から昭和にかけて集落が作られたが、現在は廃村。

③ 西山（八丈富士）

標高854 m。隊員らは6月23日に登山。「富士浅間（せんげん）小社あり。女人禁制」と日記に記している。現在も、火口の外輪に浅間神社がある。

④ 鳥打村

隊員らは宇津木（うつき）村から上陸し、東岸を測量して鳥打村に宿泊。島の人は「鰹魚を釣る。水は天水を取り、薪は本島から買う」と日記に記している。宇津木村の「八郎明神」は、源為朝自害の地といわれる為朝神社跡のこと。現在は無人島。

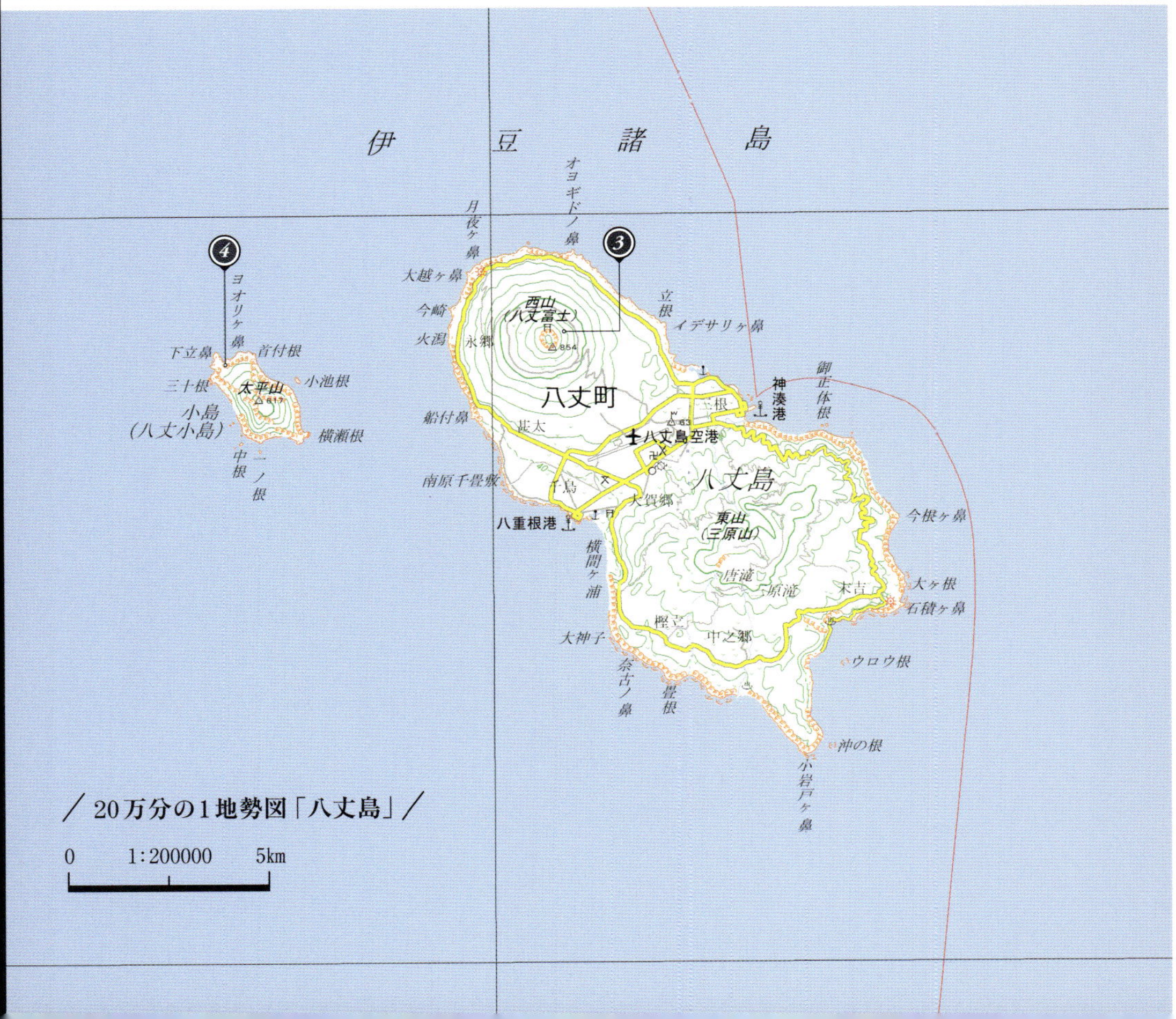

／20万分の1地勢図「八丈島」／

0　1:200000　5km

伊能図を持って出かけよう

忠敬は、文化11（1814）年5月16日の朝六ツ（午前6時くらい）に秩父の大宮町（現・埼玉県秩父市大宮町）を出発し、安戸《やすど》村（現・東秩父村安戸）に七ツ半（午後5時くらい）に到着している。同じ道を歩いてみた。

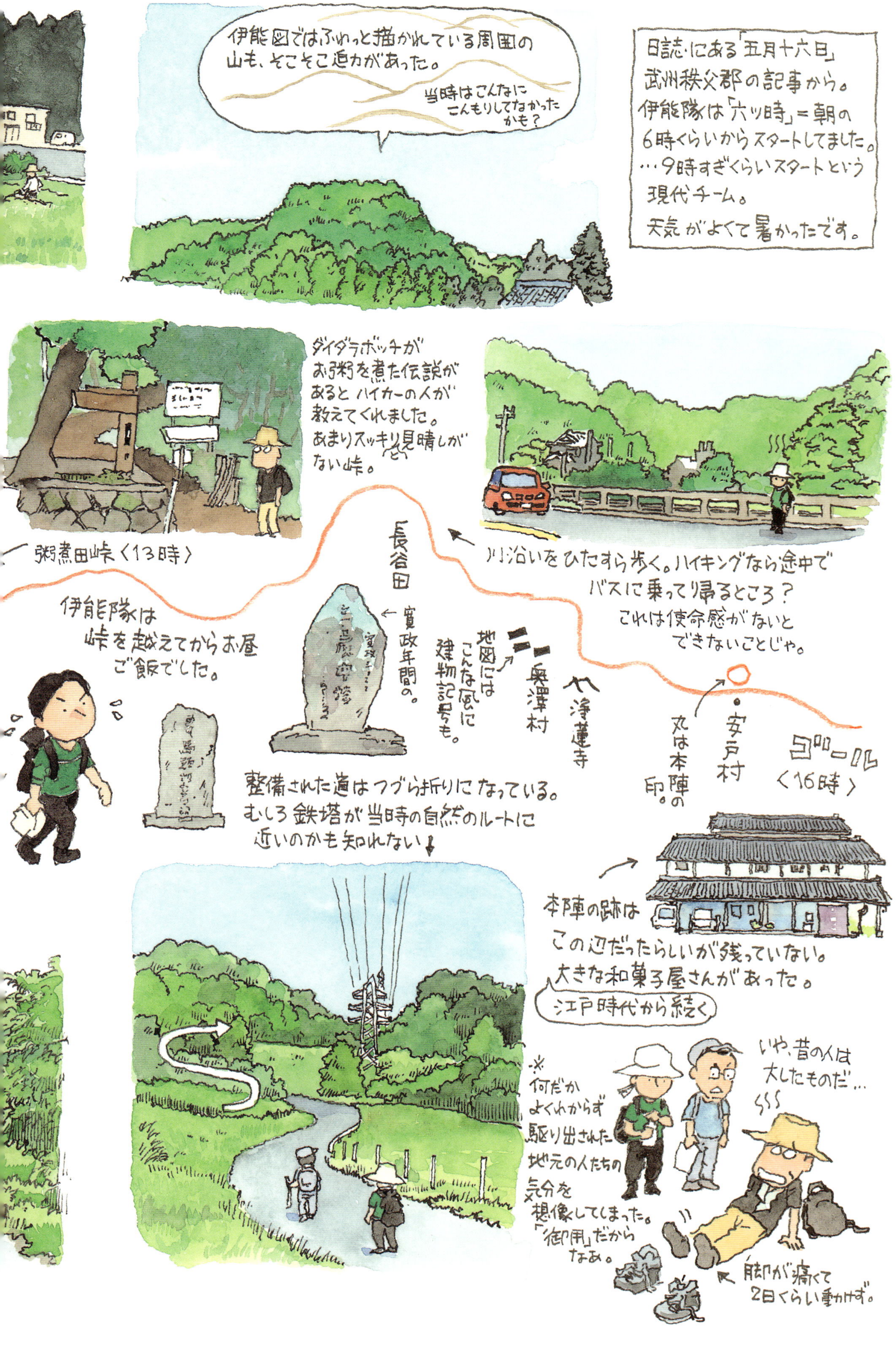
伊能図ではふわっと描かれている周囲の山も、そこそこ迫力があった。
当時はこんなにこんもりしてなかったかも？
日誌にある「五月十六日」武州秩父郡の記事から。伊能隊は「六ツ時」＝朝の6時くらいからスタートしてました。…9時すぎくらいスタートという現代チーム。天気がよくて暑かったです。
ダイダラボッチがお粥を煮た伝説があるとハイカーの人が教えてくれました。あまりスッキリ見晴しがない峠。
粥煮田峠〈13時〉
川沿いをひたすら歩く。ハイキングなら途中でバスに乗って帰るところ？
これは使命感がないとできないことじゃ。
長谷田
寛政年間の。
地図にはこんな風に建物記号も。
奥澤村
浄蓮寺
安戸村
丸は本陣の印。
ゴール〈16時〉
伊能隊は峠を越えてからお昼ご飯でした。
整備された道はつづら折りになっている。むしろ鉄塔が当時の自然のルートに近いのかも知れない
本陣の跡はこの辺だったらしいが残っていない。
大きな和菓子屋さんがあった。
江戸時代から続く
※何だかよくわからず駆り出された地元の人たちの気分を想像してしまった。「御用」だからなあ。
いや、昔の人は大したものだ…
脚が痛くて2日くらい動けず。

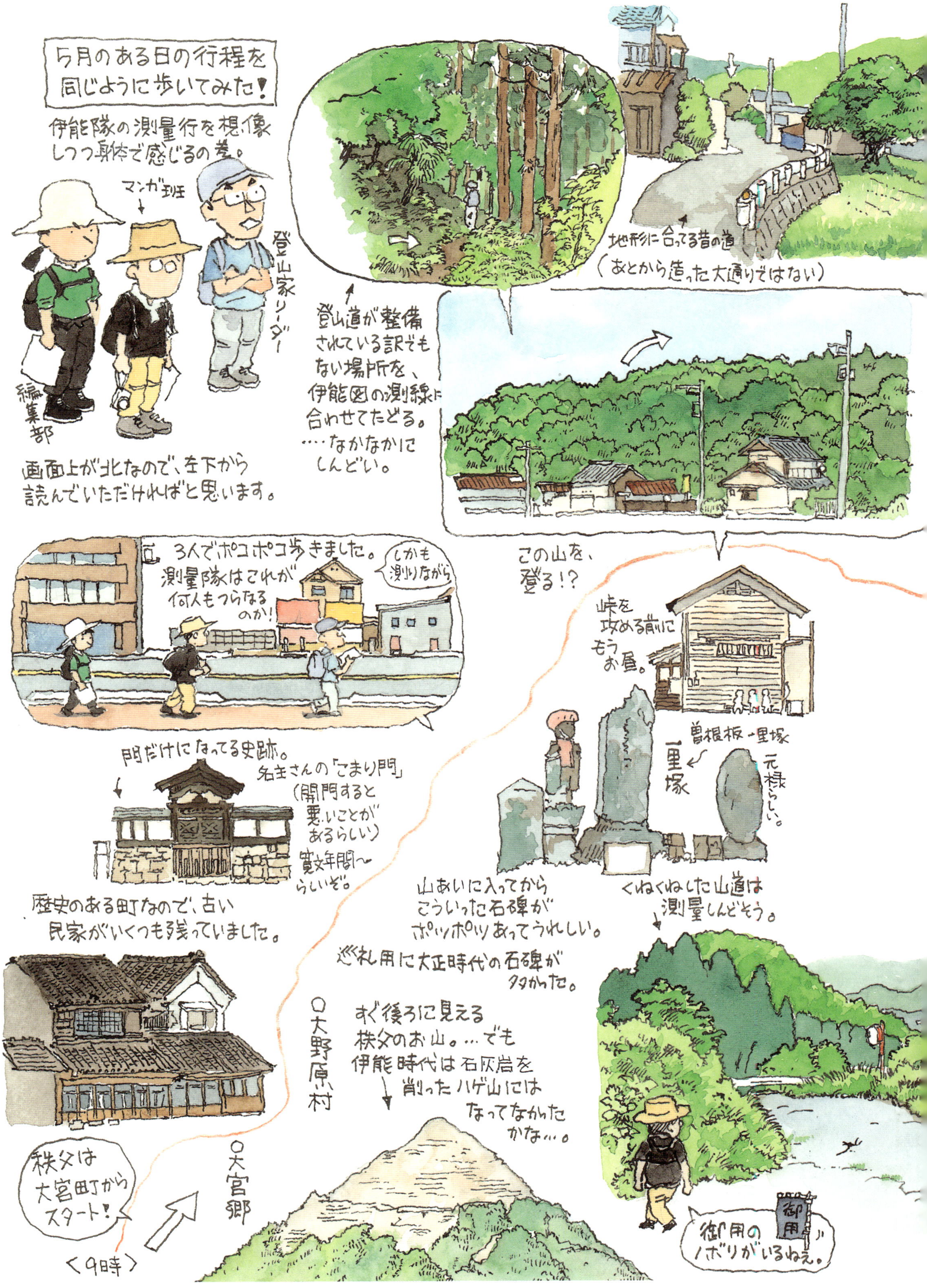

5月のある日の行程を同じように歩いてみた！
伊能隊の測量行を想像しつつ身体で感じるの巻。
マンガ班
登山家リーダー
編集部
画面上が北なので、左下から読んでいただければと思います。
登山道が整備されている訳でもない場所を、伊能図の測線に合わせてたどる。……なかなかにしんどい。
地形に合ってる昔の道
（あとから造った大通りではない）
この山を、登る！？
3人でポコポコ歩きました。測量隊はこれが何人もつらなるのか！
しかも測りながら
峠を攻める前にもうお昼。
曽根坂一里塚
一里塚
元禄らしい。
門だけになってる史跡。
名主さんの「こまり門」（開門すると悪いことがあるらしい）寛文年間～らしいぞ。
山あいに入ってからこういった石碑がポツポツあってうれしい。
巡礼用に大正時代の石碑が多かった。
くねくねした山道は測量しんどそう。
歴史のある町なので、古い民家がいくつも残っていました。
○大野原村
すぐ後ろに見える秩父のお山。…でも伊能時代は石灰岩を削ったハゲ山にはなってなかったかな…。

秩父は大宮町からスタート！
○大宮郷
〈9時〉
御用
御用のノボリがいるねぇ。

中部 富山

万葉の歌に詠まれた放生津潟《ほうじょうづ》は富山新港に

富山を含む加賀藩は、あまり測量に協力的ではなかったことが知られている。放生津近くの高木村に石黒信由《のぶよし》というすぐれた測量家がいて、放生津の宿に測量機器を見にきたり、翌日は四方《よかた》村までの測量に同行したりした。しかし、忠敬は石黒に難がおよぶのを避けてか、日記に石黒のことを書き残していない。石黒はのちに「加越能三州郡分略絵図」というきわめて正確な地図を作った。さて、その放生津には、放生津潟という大伴家持《やかもち》が歌に詠んだ景勝地があったが、昭和になって周辺が埋め立てられて富山新港となり、往時の姿は失われた。

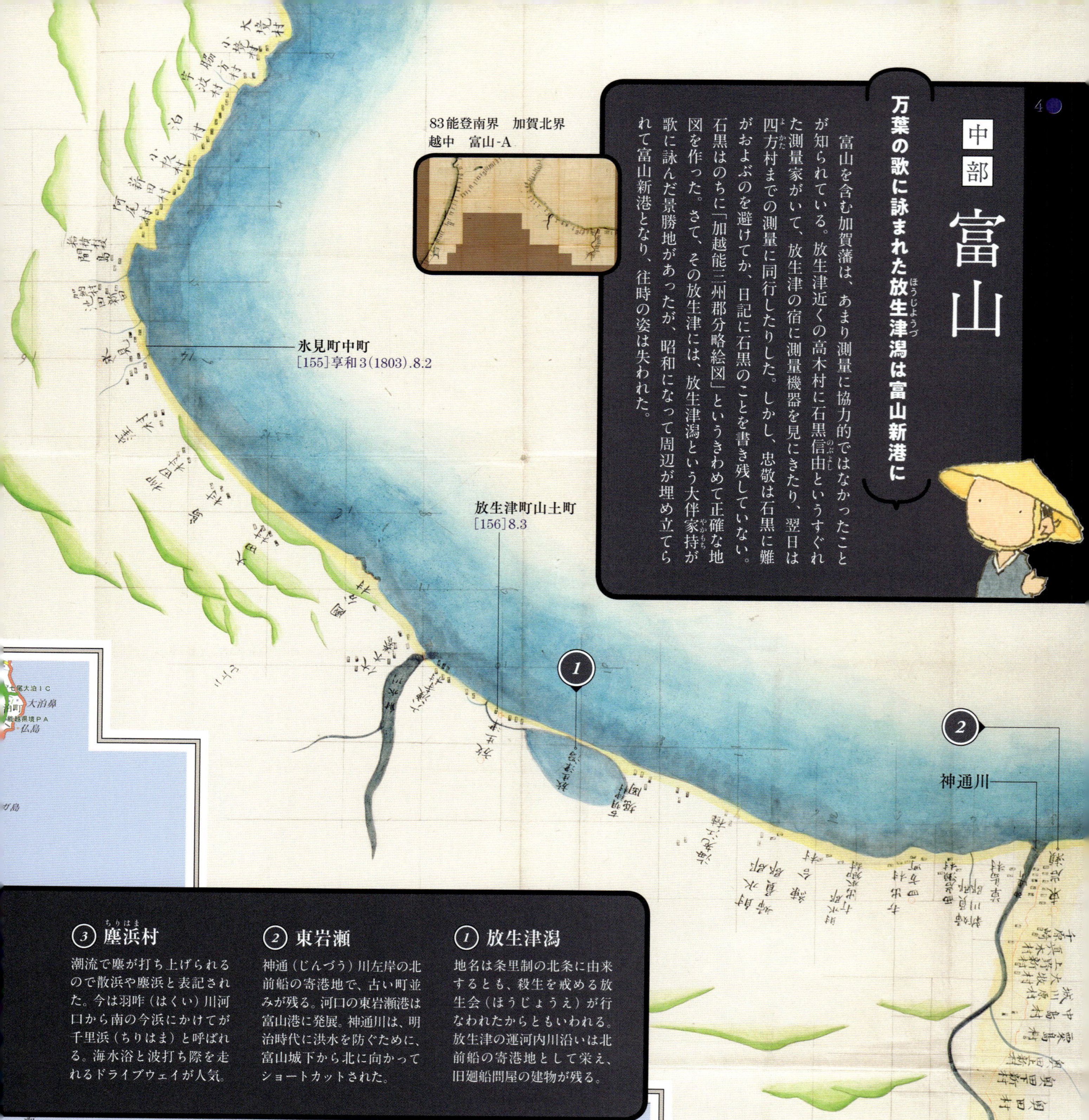

① 放生津潟

地名は条里制の北条に由来するとも、殺生を戒める放生会（ほうじょうえ）が行なわれたからともいわれる。放生津の運河内川沿いは北前船の寄港地として栄え、旧廻船問屋の建物が残る。

② 東岩瀬

神通（じんづう）川左岸の北前船の寄港地で、古い町並みが残る。河口の東岩瀬港は富山港に発展。神通川は、明治時代に洪水を防ぐために、富山城下から北に向かってショートカットされた。

③ 塵浜《ちりはま》村

潮流で塵が打ち上げられるので散浜や塵浜と表記された。今は羽咋（はくい）川河口から南の今浜にかけてが千里浜（ちりはま）と呼ばれる。海水浴と波打ち際を走れるドライブウェイが人気。

羽咋川
塵浜村
[128]7.5(支隊)
子浦《しお》村
[128]7.5
高松宿
[127]享和3(1803).7.4
邑知潟平野
羽咋市
氷見市
宝達丘陵
宝達志水町
かほく市
津幡町
小矢部市
高岡市
砺波平野
内灘町
富山湾

／20万分の1地勢図「甲府」「静岡」／

0　1:200000　5km

中部

富士山

村山浅間《せんげん》神社や人穴《ひとあな》は当時はメジャーな聖地だった？

富士山南麓では熱心に寺社を訪れて測量している。神仏習合だった当時は、神社の管理もお寺であり、宗門人別改帳《しゆうもんにんべつあらためちょう》を持っていた。寺社はある種の行政機関であり、地図に載せることを重視していたようだ。伊能隊がわざわざ訪れている村山浅間神社や須山《すやま》浅間神社、人穴は、富士吉田や富士宮の浅間神社、大社に比べると、近年は必ずしも有名ではなかった。しかし、この3つも富士山の世界文化遺産の構成資産に指定されたので、これからは訪れる人が増えていくだろう。

100甲斐・駿河（甲斐・山中村・南部宿・駿河・富士山・佐野村）-K

8
9

① 須山浅間神社

須山口登山道の起点。宝永4（1707）年の宝永噴火で被害を受け、現・本殿は文政6（1823）年再建。ちなみに深山村の旧名は須山で、50年前に書き間違いで深山になったと日記に書いている。

② 村山浅間神社

中世以来、興法寺という修験道の寺があり、明治の廃仏毀釈で廃されるまで神社と一体だった。日記には「本社の後ろに（興法寺の）大日堂あり（当村本社破損、大日と合殿となる）」と記されている。

③ 人穴

長さ約83mの溶岩洞穴。富士講の祖・長谷川角行（かくぎょう）が修行し、亡くなったとされ、多くの参詣者を集めた。伊能隊は「水深くして」行けないところまで入った。現・人穴富士講遺跡。

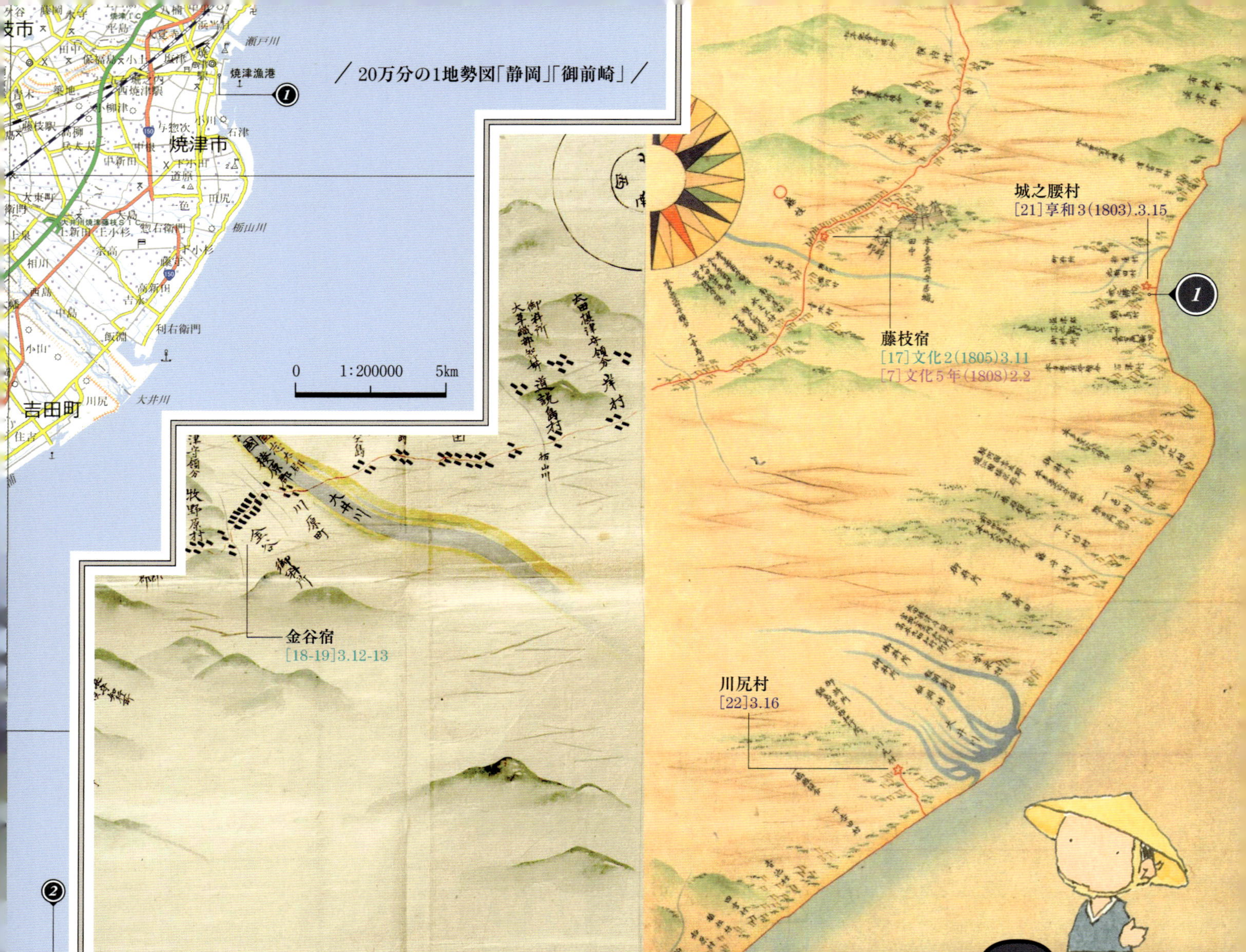

中部 御前崎

御前崎《おまえざき》の岩礁が沈降して消えた

御前崎の沖にいくつかの岩礁が描かれているが、現在の地図には描かれていない。地殻変動による土地の沈降と波による侵蝕で海中に隠れてしまったと考えられる。御前崎は航路の要衝のため、避難港としての役割が期待されてきた。昭和35（1960）年に岬の北側に大防波堤が完成し、避難港としての御前崎港が完成した。御前崎を挟んだ海岸線が黄色く塗られているが、これは砂浜を示す。近年、川のダムや海の堤防の影響によって、海に砂がたまらず、砂浜の減少が懸念されている。

107駿河・遠江（遠江・御前崎・駿河・静岡・蒲原駅）-K

111遠参〔大井川　浜名湖〕-A

① 城之腰村《じょうのこし》

現・焼津市城之腰。焼津の名はヤマトタケルが草薙（くさなぎ）の剣で火を薙ぎ払った神話に由来するが、江戸期にこの名の村はなく、城之腰が海運や漁業で発展。明治22（1889）年に焼津村。

② 沖御前《おきおまえ》（御前岩《ごぜんいわ》）

御前崎沖の岩礁。御前岩だけは灯台があるため現地図にも記載されている。周辺は隆起海食台地であり、江戸期の地震による隆起の跡も見られるため、地殻変動の観測地点となってきた。

③ 天竜川

「暴れ天竜」と呼ばれ、明治以降の100年でも100回の水害が起こった。河口は東と西に分かれていたが、昭和10（1935）年に東派川の締め切り工事が開始され、現在は西に一本化された。

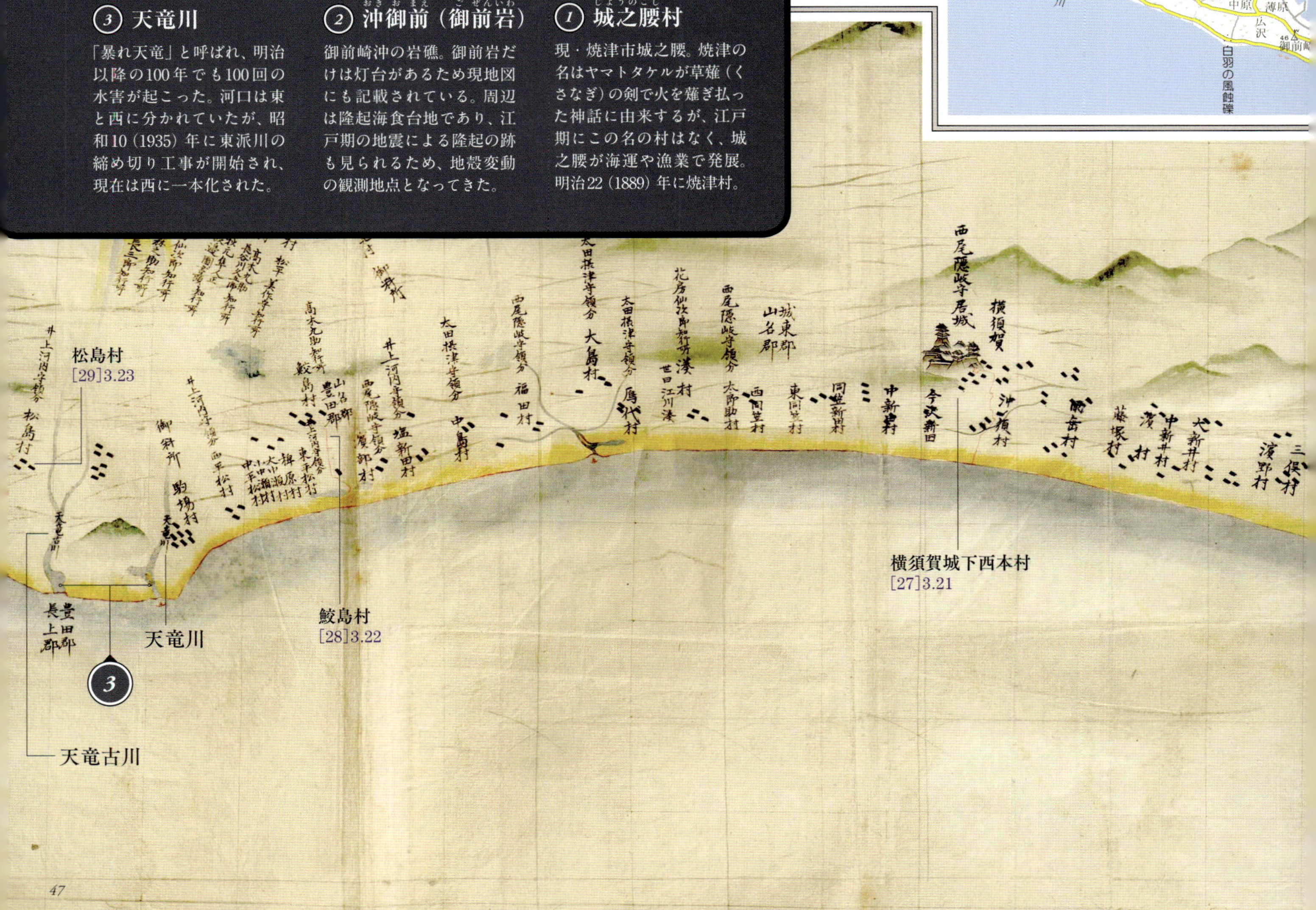

／20万分の1地勢図「高山」／

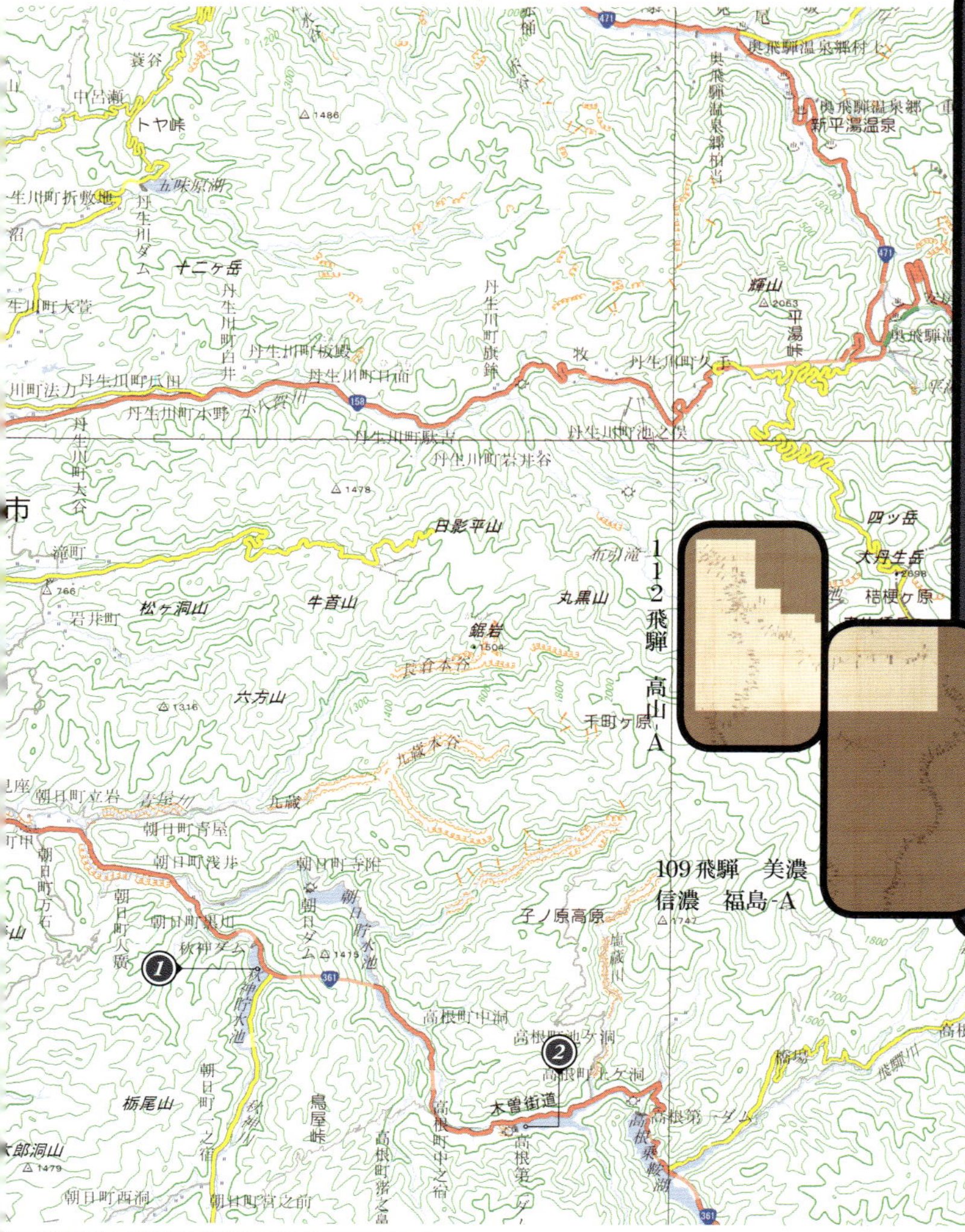

中部 野麦峠・高山

小瀬ヶ洞《おぜがほら》、大古井《おおぶるい》、日影《ひかげ》の集落がダムに水没した

忠敬らは第8次測量の帰りに高山から野麦峠、塩尻へと歩いている。高山は「御料所」（幕府直轄地）だったので、高山城は廃されて、江戸から派遣された郡代が「御郡代陣屋」で政治を行なった。天領の場合、測量へのサポートも手厚かったようで、高山の町内も詳しく測量している。夜も本陣（大名など身分が高い人が泊まった宿）に泊まった。高山から野麦峠にかけての飛驒川沿いには昭和になってダムが建設され、小瀬ヶ洞村や大古井村、日影村がダムの底に沈んだ。この道を製糸工場へ行く女工たちが通ったのは、明治から大正の初めにかけてである。

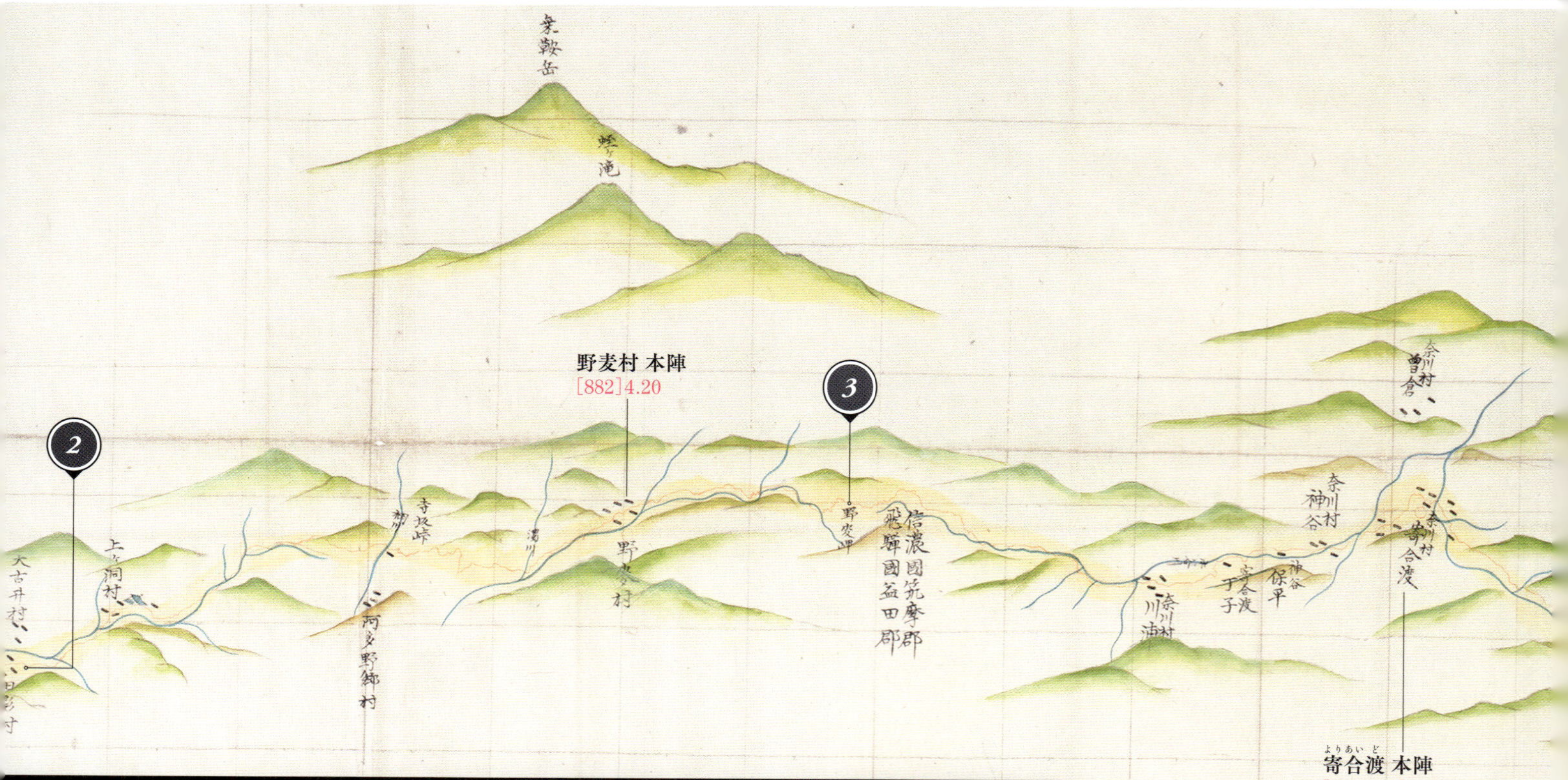

野麦村 本陣
[882]4.20

寄合渡《よりあいど》 本陣
[883-884]4.21-22

① 小瀬ヶ洞村

秋神（あきがみ）貯水池（秋神ダム）によって水没。同ダムは昭和28（1953）年完成。桼生谷（きびゅうだに）村から中之宿村へは、現在の国道とは別の南の山中を歩いている。現在は廃道。

② 大古井村、日影村

飛驒川に作られた高根第二ダムによって水没した。同ダムは昭和43（1968）年完成。上ヶ洞（かみがほら）村から寺坂峠までは現在の国道、県道とは違って、北の直通ルートを通っている。

③ 野麦峠

飛驒の高山と信州の諏訪、松本を結ぶ野麦街道（飛驒街道）の峠。標高1672m。伊能測量の最高地点。忠敬が通ったのは現在の車道ではなく、最短距離を行く旧道。日記によれば60cmの残雪があった。

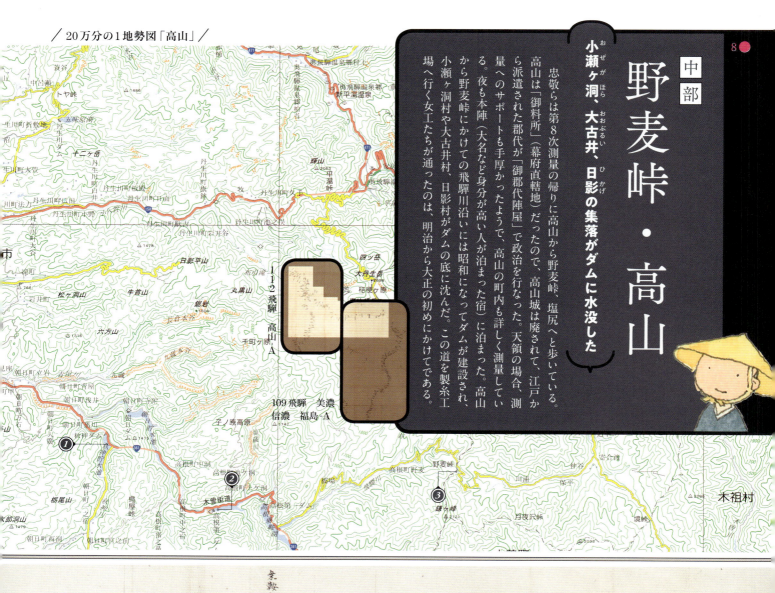

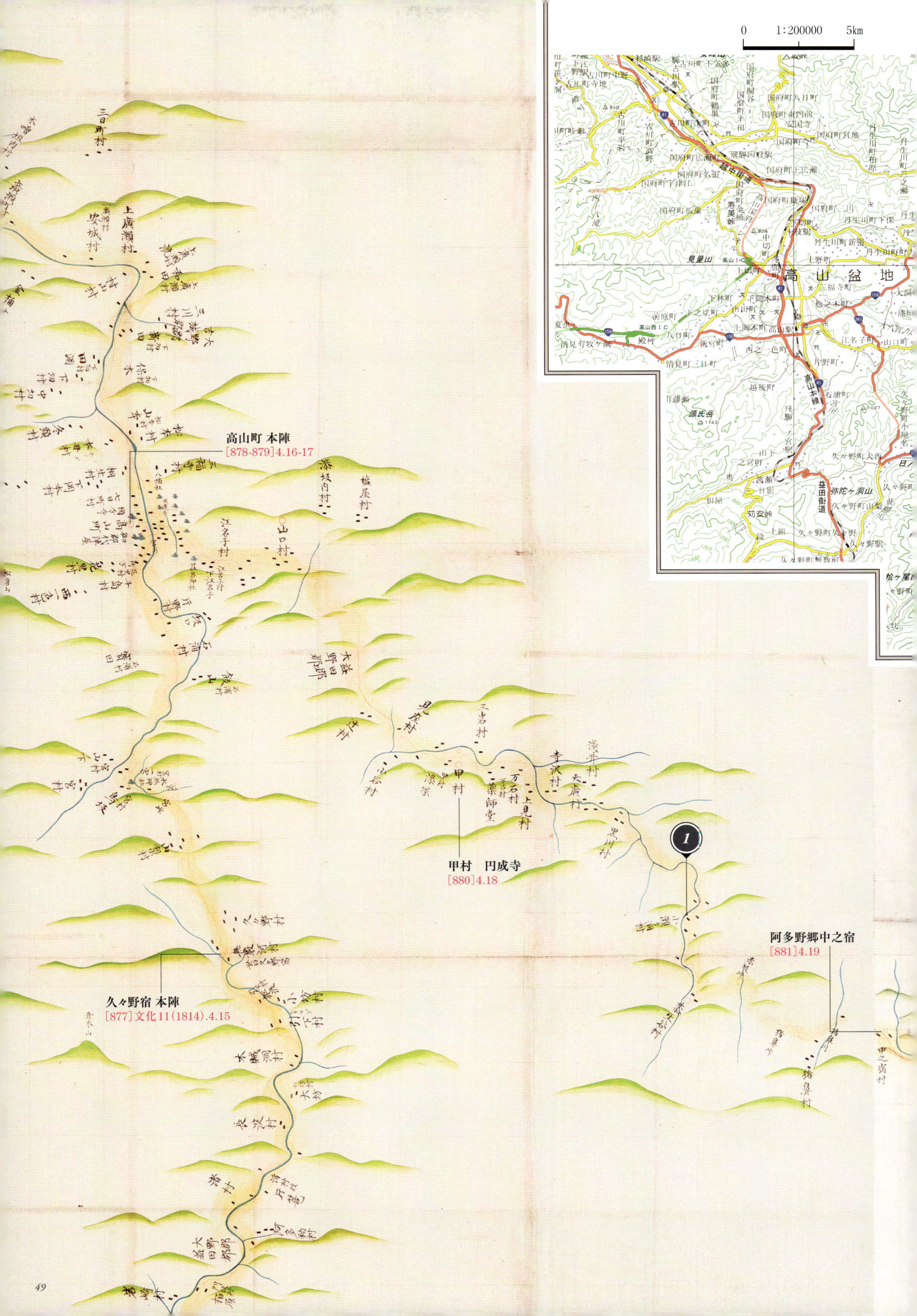

0 1:200000 5km
高山盆地
高山町 本陣
[878-879]4.16-17
甲村 円成寺
[880]4.18
阿多野郷中之宿
[881]4.19
久々野宿 本陣
[877]文化11(1814).4.15
1

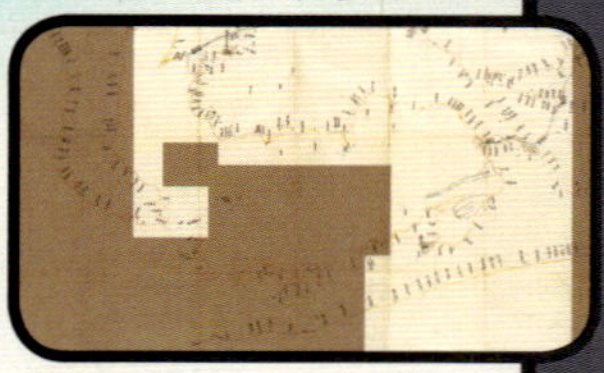

116三河　吉田　田原
西尾　尾張　知多郡-A

中部

豊橋

田原《たはら》湾の中州は埋め立てられて自動車工場に

三河湾の東奥に、灰色で描かれた「水中洲」が描かれている。黄色の砂浜と描き分けられていることから、砂浜より湿った泥浜だったことが想像できる。測量もむずかしかったのだろう。測線は描かれていない。牟呂《むろ》村の先の砂嘴《さし》は水田になり、大崎村の先の葉っぱ形の泥浜は工業団地になり、波瀬《はぜ》村の先の砂州はトヨタ自動車田原工場になった。三河湾の北側の蒲形《かまがた》村、竹谷《たけのや》村、拾石《ひろいし》村（いずれも現・蒲郡《がまごおり》市）あたりも埋め立てられて、工場ができた。西の吉田村、一色《いっしき》村（現・西尾市）あたりでは昭和の前半まで入浜式塩田が営まれていた。

③ 蒲形村

現・蒲郡市街地。明治21（1888）年に東海道本線の蒲郡駅ができたことで急速に発展した。弁天島（現・竹島）には橋がかかり、亀岩周辺は埋め立てられて亀岩臨海公園になった。

② 水中洲

測線がないので形が正確かどうかわからないが、明治23（1890）年測図の陸地測量部の地図では、細長い砂嘴の部分は、現在と同じような四角い干拓地らしき地形に変わっている。

① 吉田

現・豊橋市の市街地。戦国時代に牧野氏が今橋城を築き、のちに吉田城に改称。江戸期は譜代大名の松平氏が治めた。明治2（1869）年に、豊川にかかる橋から豊橋に改称された。

近畿 舞鶴

城下町の田邊《たなべ》と漁村の濱村、溝尻《みぞしり》村のその後は？

舞鶴《まいづる》湾には西と東に入江があり、現在はどちらも舞鶴市だが、2つの土地はまったく別の道を歩んできた。西の田邊は牧野氏の城下町であり、日本海の西廻航路の重要な港町でもあった。東の餘部下《あまるべしも》村から泉源寺村にかけては農漁村だったが、天然の良港だったため明治中期に海軍鎮守府が開かれ、軍港として発展した。西と東が合併して舞鶴市となったのは昭和18（1943）年である。舞鶴湾の東の内浦湾には関西電力の高浜原発が建設され（神野《こうの》の東の入江）、昭和49（1974）年に1号機が営業を開始した。

123但馬　丹後
宮津-A

122丹後　田邊
若狭-A

① 田邊（西舞鶴）

戦国期に細川幽斎が田邊城を築城、江戸期は京極氏、のちに牧野氏の城下町。舞鶴という名は、田辺城の形が鶴に似ていたから、あるいは湾の形が翼を広げた鶴に似ていたからといわれている。城跡の舞鶴公園は桜の名所。

② 濱村周辺（東舞鶴）

明治34（1901）年に海軍鎮守府が開かれ、海軍機関学校や海軍工廠、造船所が建てられた。碁盤目状に道が整備され、東西の通りには「八島」「敷島」などの軍艦名がつけられた。軍港は海上自衛隊の基地や造船所に転用されている。

③ 天橋立《あまのはしだて》

丹後半島東側の川から流れ出た土砂が堆積した砂嘴。土砂が減少したり、構造物で遮断されたりして砂浜がやせてしまい、突堤が設置されたが解決されず、現在は砂を船で運ぶサンドバイパス工法で砂を増やす試みが行なわれている。

平田村
[569]9.3
日置浜村
[570]文化3(1806).9.4
上司町 本陣
[575]9.9
宮津城下
[571-574]9.5-8
[807]文化11(1814).2.4(支隊)
小田村
[808]2.5(支隊)
瀬崎村
[581-582]9.15-16
由良村 松原寺
[576]9.10
平村 本陣
[580]9.14
田邊城下
[577-578]9.11-12
[812]2.9(支隊)

近畿

彦根

琵琶湖最大の内湖「大中之湖《だいなかのこ》」が干拓された

琵琶湖岸の内湖の多くは、第二次世界大戦中に食糧増産を目的に干拓工事が行なわれ、水田となった。そのなかで最大のものが「大中之湖」である。興味深いのは、その大中之湖の南端、豊浦村あたりに現代地図では「安土城跡」があるのに、伊能図にはないこと。安土城は本能寺の変で焼失していたから、江戸後期の人たちはもう安土城のことを忘れていたのである。忠敬は他の地域では古城を描き残しているので（島原の原城など）、安土城は本当に跡形もなかったのだろう。

125近江
琵琶湖-A

① 長《ちょう》 命《めい》寺

聖徳太子の創建と伝えられる古刹。山の中腹にあり眺めがよい。忠敬は「観音御供所」に宿泊。沖島の位置を測っている。聖(しょう)観音や十一面観音など国の重要文化財があり、参詣者が多い。

② 八幡《はちまん》町

武佐(むさ)や愛知川(えちがわ)が中山道であるのに対して、八幡町は脇往還(浜街道)。朝鮮通信使が通ったことから朝鮮人街道ともいわれた。近江商人発祥の地であり、古い商家が残る。

③ 大中之湖干拓地

伊能図の緑の点はアシの湿原を示す。干拓は昭和43(1968)年に完成。今は西の湖や水路での水郷めぐりの船が人気。北東の三ツ家村の曽根沼、磯村の筑摩江(つくまえ)も干拓された。

④ 安土城

織田信長が天正4(1576)年に築城を開始して3年かけて完成させたが、天正10(1582)年の本能寺の変を経て焼失。地上6階の天守閣があったとされるが、現在は石垣しか残っていない。

岡山

当時から「新田」だらけだが、さらに干拓地は広がった

岡山平野と児島《こじま》半島の間はかつて「吉備《きび》の穴海」と呼ばれた海だったが、川からの土砂の堆積と干拓によって西（阿知潟《あちがた》）と東（児島湾）に分かれたといわれている。児島湾では、古くは元禄4（1691）年に藩主・池田綱政の命で津田永忠《ながただ》によって「沖新田」が干拓された。忠敬は沖新田「一番村」に宿泊している。干拓地は湾の西から東へと広がり、岡山平野の耕地2万5000haのうち2万haは干拓で生まれたといわれている。干拓地が広がるにつれて農業用水が不足したため、昭和34（1959）年に児島湾締切堤防が建設されて淡水の児島湖が生まれた。

/ 20万分の1地勢図「岡山及丸亀」「徳島」/

0　1:200000　5km

① 百間川《ひやつけん》

岡山藩の津田永忠が、旭川の洪水を防ぐために寛文9（1669）年から翌年に建設した放水路。忠敬は上流を測量していないが、中島村と竹田村の間で旭川から分流し、中川村を通って河口に注ぐ。

② 児島湾干拓

湾西部に興除（こうじょ）新田（現・岡山市南区西畦＝にしうね、曽根、中畦周辺）ができたのは文政6（1823）年。明治には大阪の豪商・藤田伝三郎が干拓を進め、戦後は農水省が引き継いだ。

③ 宇野

塩田を営む小村だったが、明治42（1909）年に宇野港が完成、翌年に国鉄宇野線が敷かれ、高松への宇高連絡船も運航（瀬戸大橋完成後は廃止）。アートで有名な直（なお）島への船が出ている。

中島村
竹田村
藤井宿
[83] 文化6
(1809) 11.21
1
米倉村
[287] 11.16
一番村
[286] 11.15
早島沖新田村
[288] 11.17
庭瀬町
[348] 文化3
(1806) 1.18
岡山城下
[302-347] 文化2(1805).12.1-文化3(1806).1.17
[84] 文化6(1809).11.22
[563] 文化8(1811).閏2.29
[754] 文化10(1813).12.11
2
阿津村
[299] 11.28
番匠村
[298] 11.27
彦崎村
[301] 11.30
八浜村 養泉庵
[300] 11.29
田井村
[296] 11.25
山田村
[297] 11.26
藤戸村 藤戸寺
[289] 11.18
田ノ口村
[294] 11.23
日比村
[295] 11.24
3
直島高田浦 本陣
[280-283] 文化5
(1808) 10.9-12

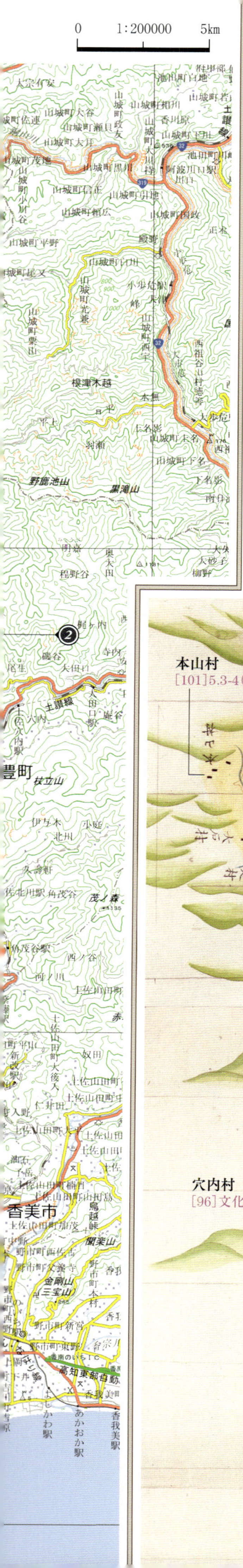

中国・四国

高知

龍馬も歩いた四国縦断古道が消えた

四国では支隊を派遣して四国山地を縦断する横切り測量を行なっている。4月末に土佐の赤岡浦から坂部貞兵衛《さだべえ》らを笹ヶ峰まで派遣し、四国西岸を測量後の9月に伊予の川之江村から笹ヶ峰に派遣した。この土佐北街道（北山越え）は、土佐藩主の参勤交代道であり、坂本龍馬も歩いている。鉄道と国道が吉野川沿いで瀬戸内に抜けて以来さびれたが、平成4（1992）年に開通した高知自動車道は笹ヶ峰をトンネルで通過、北山越えが復活したといえなくもない。

152土佐　伊豫
讃岐　金毘羅-A

159土佐
高知-A

① 穴内村《あなない》

昭和39（1964）年に完成した穴内川ダムによって、伊能隊が泊まったあたりの集落と街道は水没した。亀岩村からダムの間の道も2万5000分の1地形図で見るかぎり、一部が失われている。

② 立川村《たじかわ》

現・大豊町立川一ノ瀬。平安時代には官道の宿駅であり、江戸時代には番所が置かれ、関所と本陣の役割を担った。荷宿（にやど）というところで坂本龍馬が水戸浪士と会談したとされる。

③ 笹ヶ峰

標高約1010m。旧道は笹の生える登山道となっている。県道とは違い、直線的に愛媛県側に抜けている。抜けた先は馬立（うまたて）村（現・四国中央市新宮町馬立）が最初の宿場。

／2万5000分の1地形図「繁藤」「土佐山田」／

0　1:25000　500m

／20万分の1地勢図「高知」／

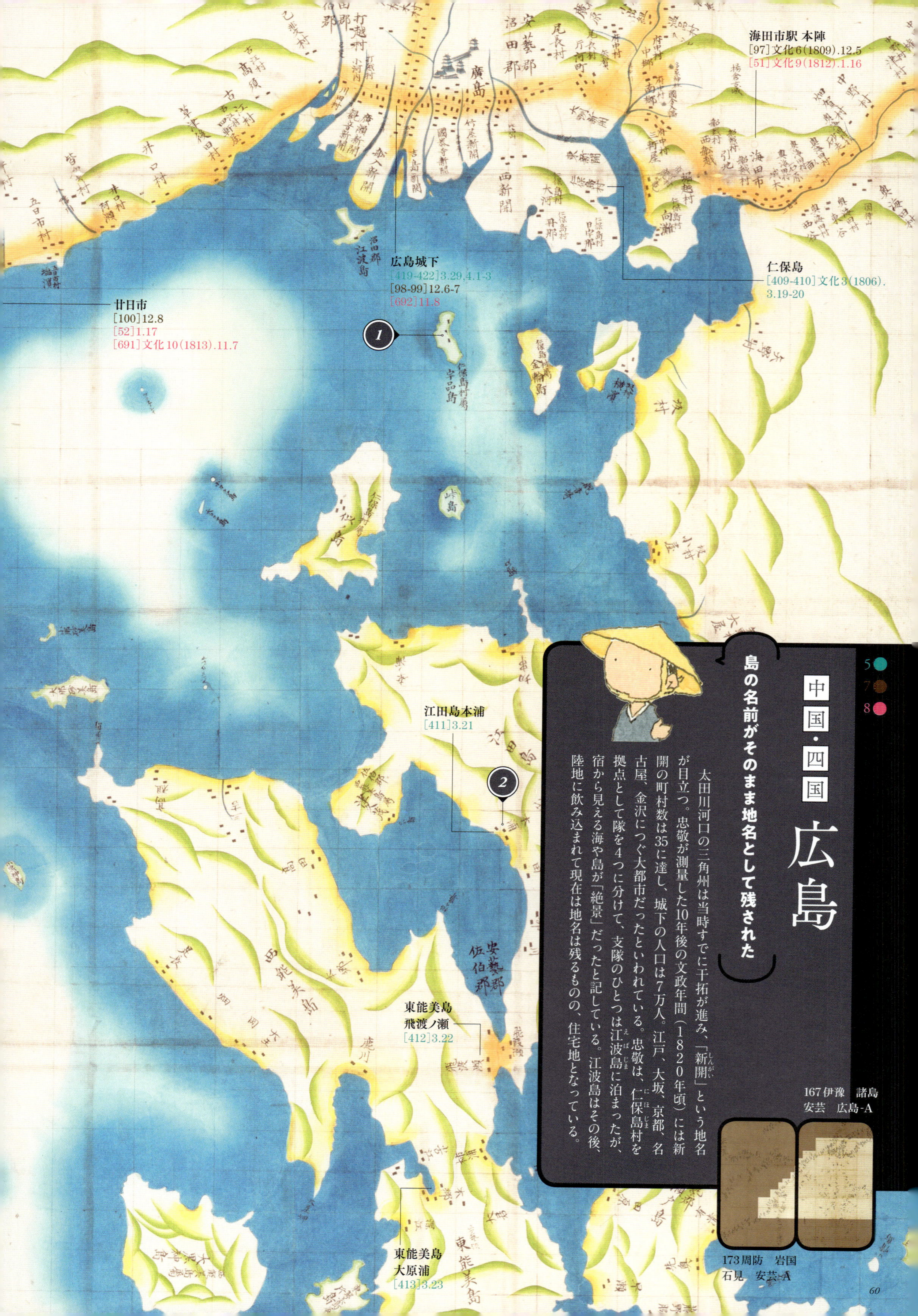

5 7 8

中国・四国

広島

島の名前がそのまま地名として残された

太田川河口の三角州は当時すでに干拓が進み、「新開《しんがい》」という地名が目立つ。忠敬が測量した10年後の文政年間（1820年頃）には新開の町村数は35に達し、城下の人口は7万人。江戸、大坂、京都、名古屋、金沢につぐ大都市だったといわれている。忠敬は、仁保島《にほじま》村を拠点として隊を4つに分けて、支隊のひとつは江波島《えばじま》に泊まったが、宿から見える海や島が「絶景」だったと記している。江波島はその後、陸地に飲み込まれて現在は地名は残るものの、住宅地となっている。

0　1:200000　5km

① 宇品島《うじな》

「新開」の先の海が埋め立てられ、明治17（1884）年から5年かけて宇品港が建設された（昭和初期から広島港となった）。島は、現在は陸地と短い橋でつながっている。

② 江田島《えだ》本浦

伊能隊が泊まった本浦一帯には、明治21（1888）年に、東京の築地から海軍兵学校が移転してきた。現在は海上自衛隊の第一術科学校などになり、見学を受けつけている。

③ 今津村《いまづ》

当時の海岸線が今の岩国駅あたり。東へ埋め立てが進み、昭和初期に帝国人絹（現・帝人岩国事業所）が進出して工業化が始まった。錦川対岸の小金津村の先は現・米海軍岩国基地。

中国・四国

山口

萩の町割りは奇跡的に昔と変わらない

伊能図と現代地図を見くらべても、萩市中にはほとんど変化がない。埋め立てもされず、川の流れも変わらず、道のつき方も変わらない。幕末が3万人で、現在は4万8000人。人口すらあまり変わっていない。ちなみにこの地図は毛利《もうり》家へ献上されたもの。献上品だからか、青海《おうみ》島の松林や長門《ながと》の大寧《たいねい》寺の杉木立を見てもわかるとおり、絵がていねいだ。大寧寺は「西の高野」ともいわれた曹洞宗の古刹。近くに湯本温泉があるが、そこには泊まらず、南西の俵山温泉（地図範囲外）に泊まっている。

176 御両国測量絵図（伊能大図）二番-Y

① 深川庄《ふかわのしょう》村正明市《しょうみょういち》

深川は平安期の『倭名類聚抄』にも記された古い農村。市場町の正明市が町の中心として発展した。昭和29（1954）年に長門市が誕生。国鉄駅も昭和37年に正明市駅から長門市駅に改称された。

② 瀬《せ》戸《と》崎《ざき》村

現・長門市仙崎（せんざき）。西廻航路の寄港地であり、捕鯨基地。第二次世界大戦後は大陸からの引揚げ港でもあった。現在はかまぼこなどの水産加工が盛ん。童謡詩人・金子みすゞの出身地として有名。

③ 浜崎《はまさき》町

江戸期は西廻航路の寄港地として発展。萩藩の御船倉もあった。大正から昭和初期にかけては水産加工や夏ミカンの積み出しで栄えた。伊能隊もたびたび泊まっている。

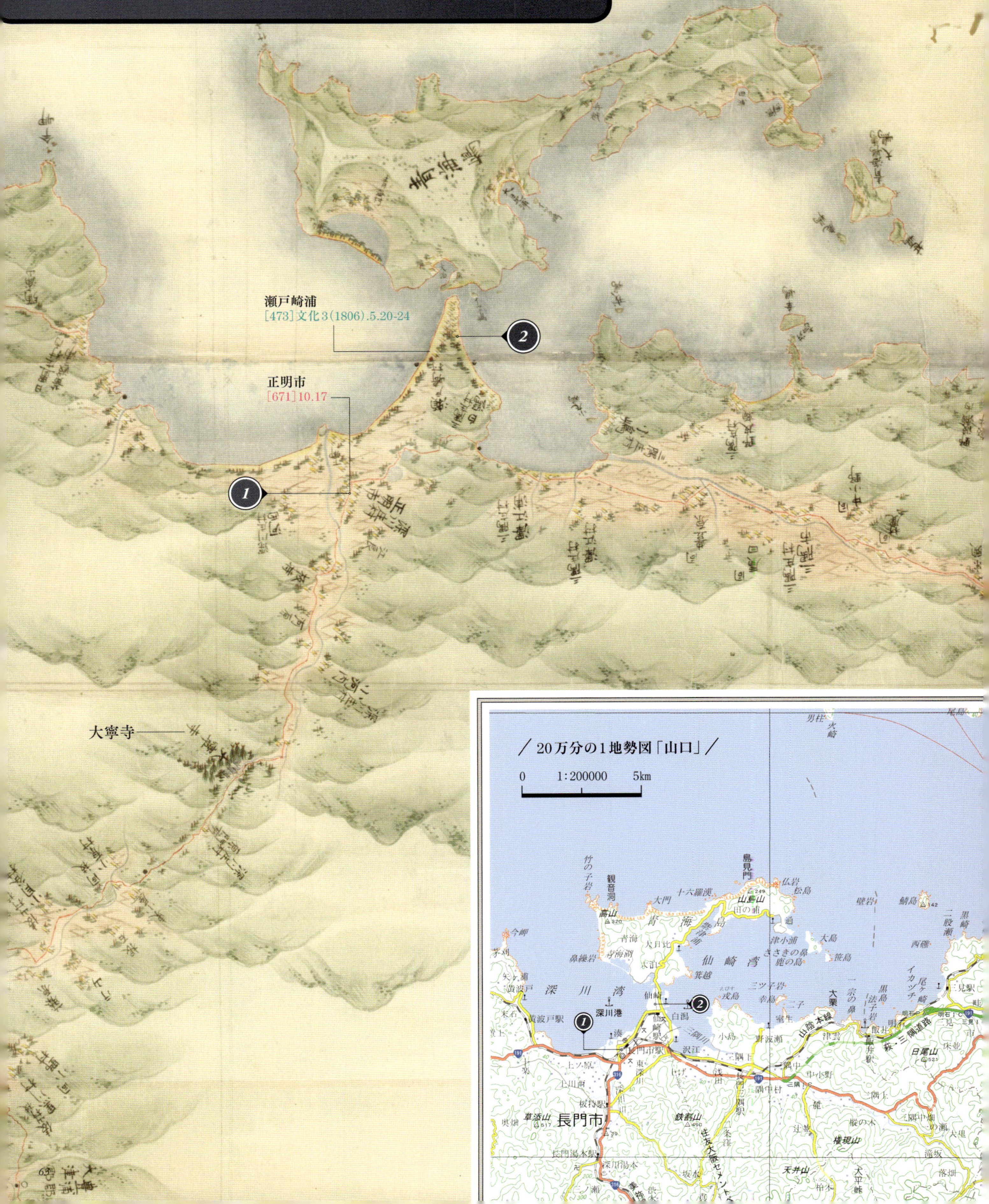

① 志賀島《しかのしま》　金印発見地

漢委奴国王の金印が発見されたのは、忠敬が来る約30年前の天明4（1784）年。当時から有名だったようで、日記に「字金浜、委奴国王の印出所」と記載。金浜は弘浦の南の現・叶の浜のことか。

② 宝満山　竈門《かまど》神社

標高は829m。花崗岩の岩山で、古くから修験道の霊地。隊員が登頂。「西谷福蔵坊」で小休止し、「行者堂の巌穴に役行者（えんのぎょうじゃ）の金の小像あり」と書いているが、坊もお堂も現存せず。

③ 水城《みずき》村関門跡

7世紀の白村江（はくそんこう）の戦いののち、唐と新羅（しらぎ）から大宰府を守るために水城が築かれた。土塁の外側（博多側）に水壕が掘られていた。日記に「柱の礎あり」。現在も残る東門の礎石か。

187筑後　肥前　筑前
福岡　秋月　豊前-A

九州

福岡

博多と福岡は別の町。「炭焼村」が分譲住宅地に

福岡は大都市なだけに変化が大きい。遣唐使も出発した古い港町の博多津《はかたのつ》と、黒田長政が築いた福岡城の城下町・福岡は、那珂《なか》川をはさんで別の町だったが、現在は一体となって市街地を作っている。箱崎《はこざき》村と浜男《はまお》村の沖は埋め立てられて工業地帯となった。伊能隊が宰府《さいふ》村から歩いた宇美《うみ》村の産宮（宇美八幡宮）には、博多方面から鉄道が通じている。炭焼村のすぐ北まで分譲住宅地になった。忠敬は古代史にも関心が高く、「国分寺は絶えて今は小堂となる。都府楼旧跡今に礎のみ残る。大宰府古跡もことごとく田畑となれり」と日記に書きとめている。

志賀島 本陣 吉祥寺
[242]8.1
浜男村 本陣
[243]8.2
今津村
[251]8.10(支隊)
箱崎村 本陣
[244]8.3
博多町
[245-248]8.4-7
[655-656]10.1-2
姪浜宿 本陣
[249]8.8
今宿駅 本陣
[250]8.9
田村
[654]9.30
筒井村
[297]9.27(支隊)
片縄村
[654]文化10
(1813).9.30(支隊)
1

20万分の1地勢図「福岡」
0 1:200000 5km
新宮町
久山町
東区
粕屋町
篠栗町
福岡市
須恵町
中央区
博多区
志免町
宇美町
西区
城南区
南区
大野城市
早良区
福岡平野
春日市
太宰府市
1
2
3

② 佐須奈村

現・対馬市上県（かみあがた）町。地名は砂州に由来するとされる。日記によると「当湊は朝鮮渡口」。遠見番所山から朝鮮の山々を測った。小図（左ページ）では、多くの方位線が引かれている。

① 比田勝村

現・対馬市上対馬町比田勝（ひたかつ）。平成11（1999）年、比田勝港に国際ターミナルが完成。現在は3社が韓国・釜山（ぷさん）との高速船を毎日運航。所要時間は1時間10分～1時間30分。

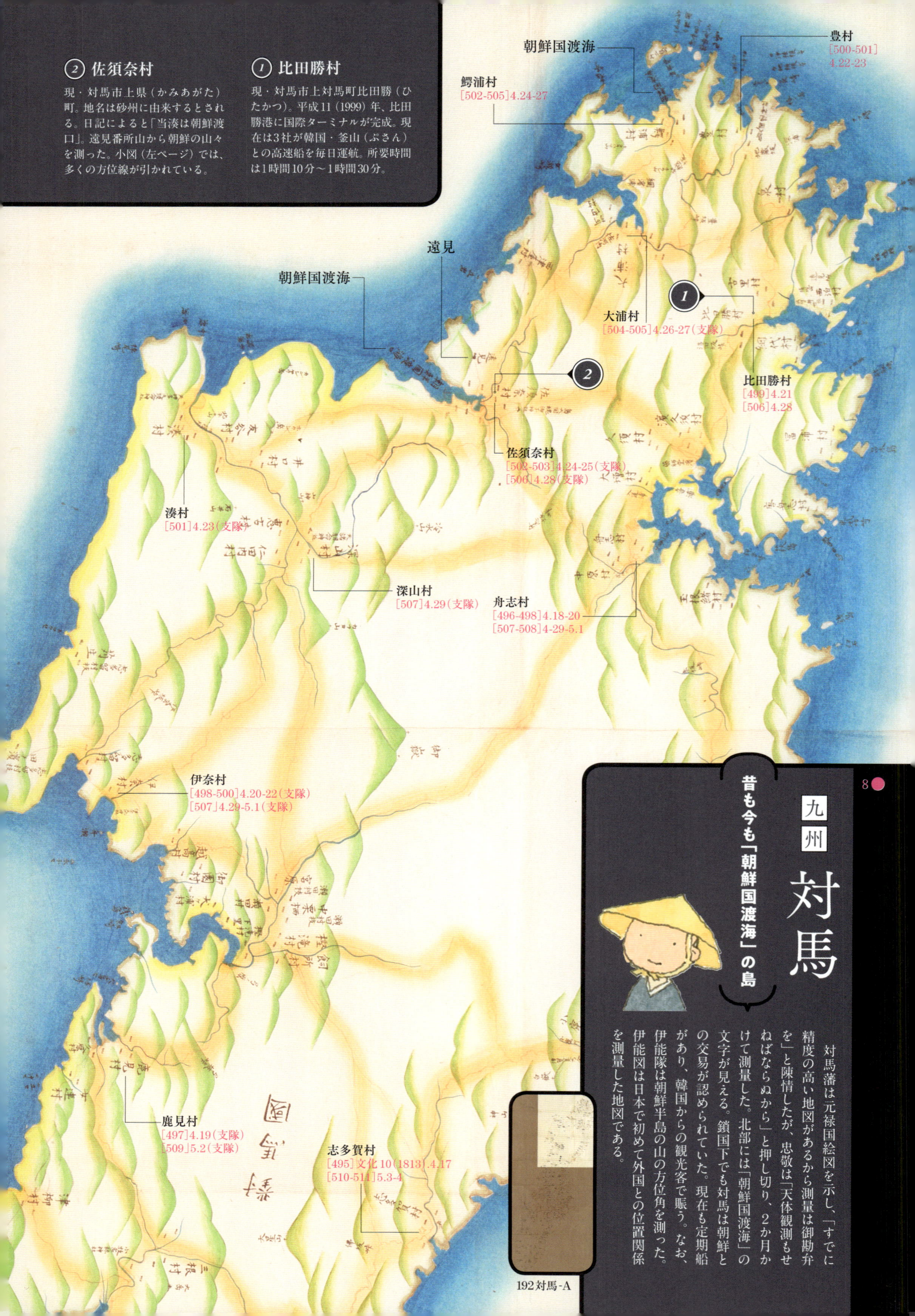

九州 対馬

昔も今も「朝鮮国渡海」の島

対馬藩は元禄国絵図を示し、「すでに精度の高い地図があるから測量は御勘弁を」と陳情したが、忠敬は「天体観測もせねばならぬから」と押し切り、2か月かけて測量した。北部には「朝鮮国渡海」の文字が見える。鎖国下でも対馬は朝鮮との交易が認められていた。現在も定期船があり、韓国からの観光客で賑う。なお、伊能隊は朝鮮半島の山の方位角を測った。伊能図は日本で初めて外国との位置関係を測量した地図である。

192対馬-A

／小図の「本州西南部」(都立中央図書館特別文庫室所蔵)／

／20万分の1地勢図「厳原」／

0　1：200000　5km

③ 府中（厳原《いずはら》）

現・対馬市厳原町。宗氏の居城「金石（かねいし）館」の城下町。朝鮮の文書を管理した禅寺「以酊庵（いていあん）」、朝鮮の漂流者を休泊させた「朝鮮舎」などがあった。

九州 椎葉《しいば》

平家の落人の里をつらぬく九州横断古道

椎葉《しいば》は平家の落人の里として知られる。平家の追討に来た那須与一の弟・大八郎宗久《だいはちろうむねひさ》は、椎の葉で陣屋を設けて追討の拠点にした。それが椎葉の名の由来といわれている。その陣屋は十根川《とねがわ》村にあったとされ、伊能隊も十根川村に泊まった。八村《やむら》大明神（十根川神社）へ行き、「那須与一を勧請するという。椎葉山の庄屋はことごとく那須を氏とする」と日記に記している。伊能隊は椎葉村の中心地（現・上椎葉）には寄らず、北上している。上椎葉には宗久との悲恋で知られる鶴富姫が住んでいたという那須家住宅があるが、足をのぼす時間がなかったか。

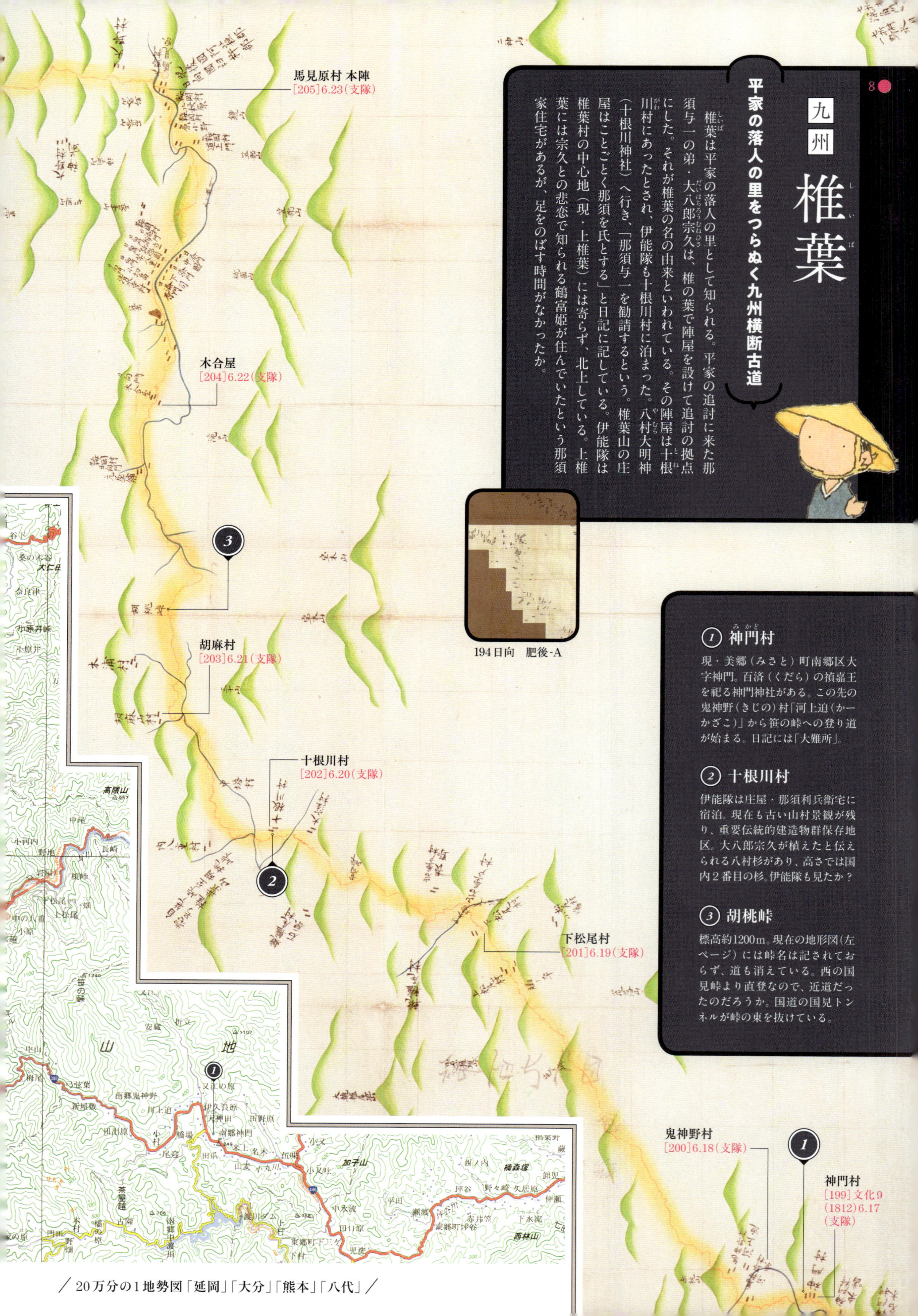

194日向　肥後-A

／20万分の1地勢図「延岡」「大分」「熊本」「八代」／

① 神門《みかど》村

現・美郷（みさと）町南郷区大字神門。百済（くだら）の禎嘉王を祀る神門神社がある。この先の鬼神野（きじの）村「河上迫（かーかざこ）」から笹の峠への登り道が始まる。日記には「大難所」。

② 十根川村

伊能隊は庄屋・那須利兵衛宅に宿泊。現在も古い山村景観が残り、重要伝統的建造物群保存地区。大八郎宗久が植えたと伝えられる八村杉があり、高さでは国内2番目の杉。伊能隊も見たか？

③ 胡桃峠

標高約1200m。現在の地形図（左ページ）には峠名は記されておらず、道も消えている。西の国見峠より直登なので、近道だったのだろうか。国道の国見トンネルが峠の東を抜けている。

／２万5000分の１地形図「胡摩山」「鞍岡」／

0　1:25000　500m

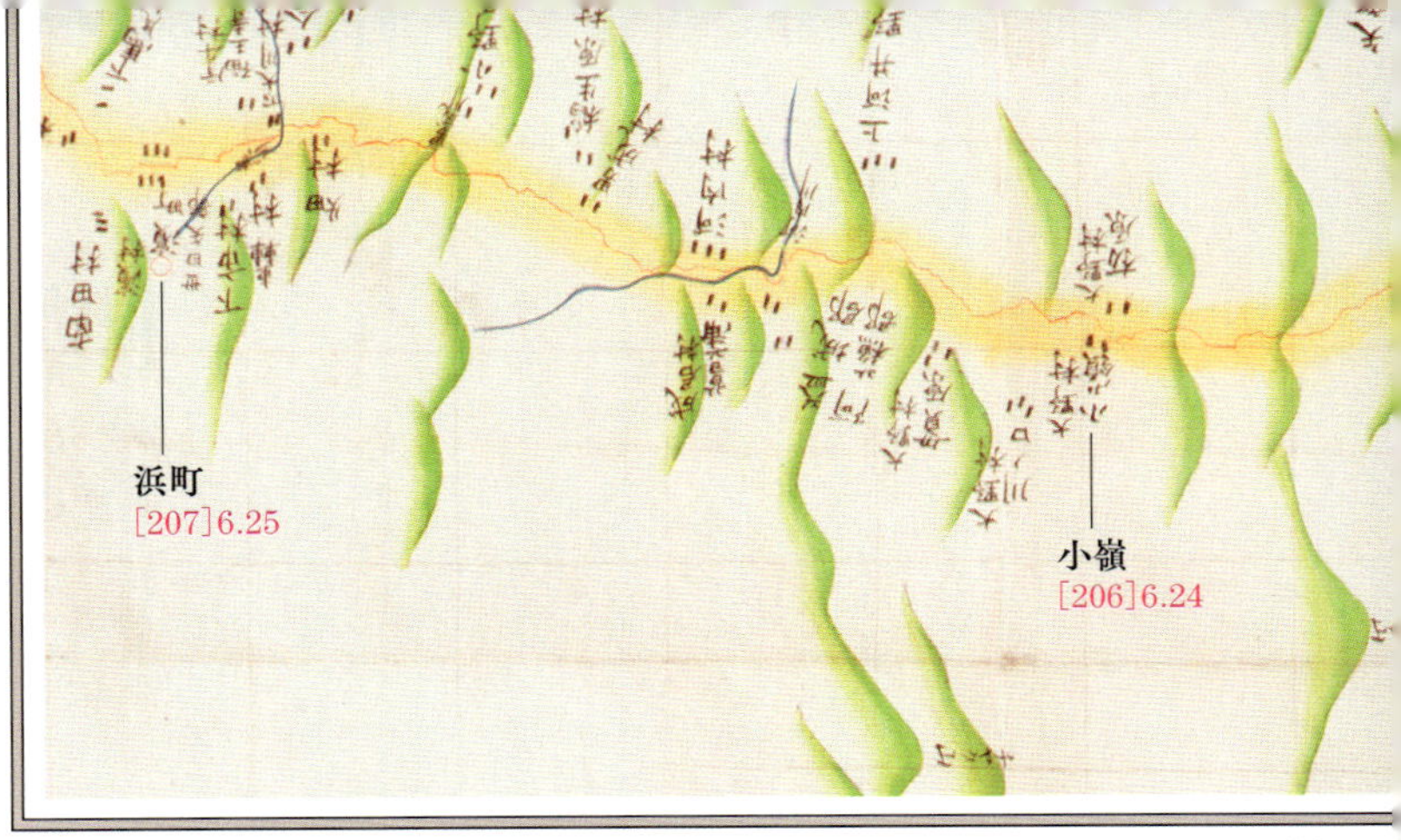

0　1:200000　5km

九州

島原

「島原大変《しまばらたいへん》」でできた九十九島《つくも》が減っている

忠敬らが来る20年前に普賢岳《ふげん》が噴火して眉嶽《まゆだけ》が崩壊、土砂が有明海に落ちて多くの島ができた。津波も起こり、対岸の肥後《ひご》に押し寄せた。犠牲者は1万5000人。いわゆる「島原大変肥後迷惑」である。忠敬らも「宮町、旧の町跡、大変後田畑になる」「今村名、大変で人家損亡」と日記に記している。新しい島々も丹念に測った。測量され、島名が記されたのは58島。侵蝕されたり、水没したり、埋め立てられたりして現在は17島に減っている。

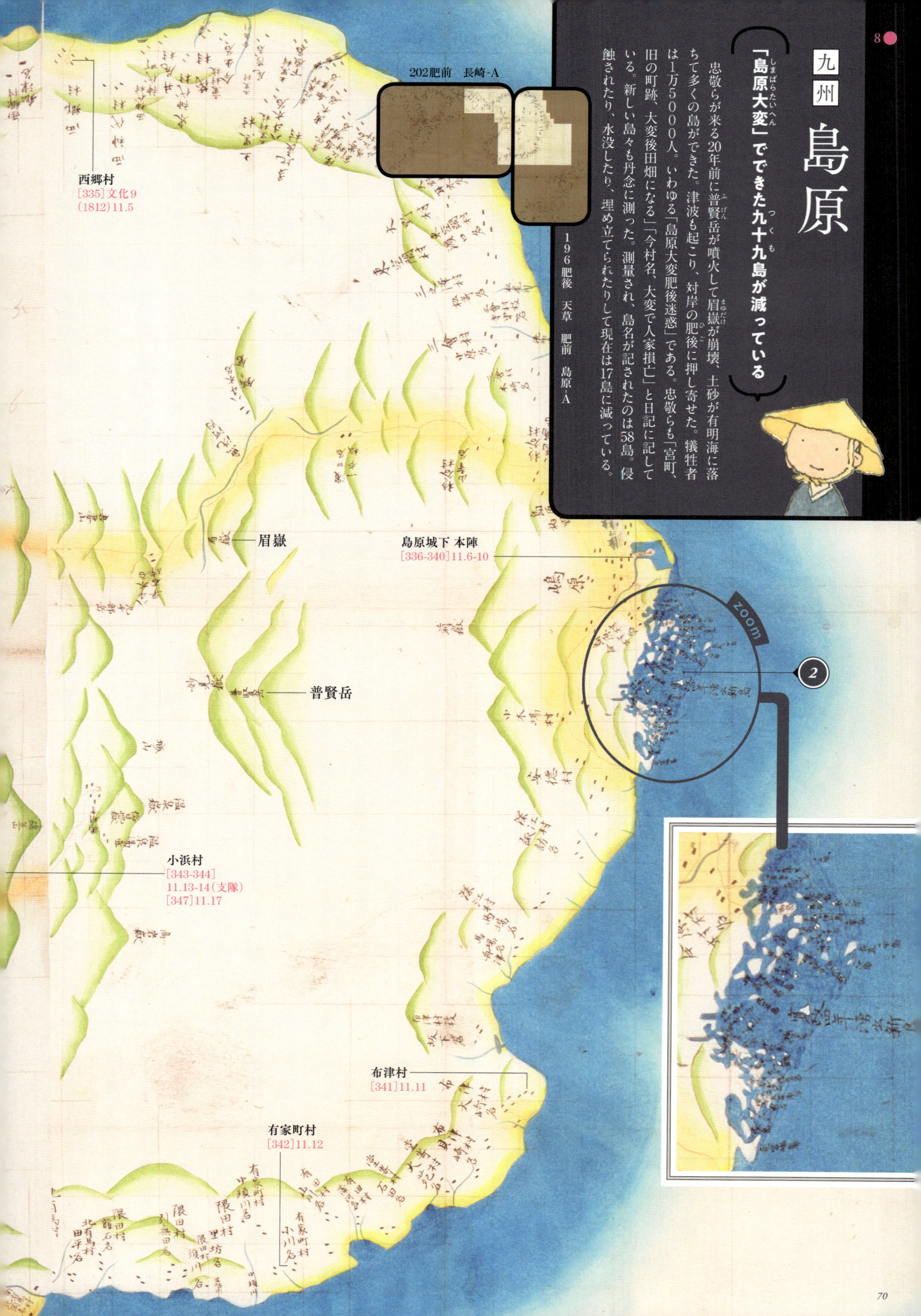

① 諫早湾《いさはや》　潮受堤防

諫早干潟の干拓のために建設された。平成9(1997)年に排水門が閉ざされて干拓が開始された。渡り鳥の中継地であり、魚介類の漁場でもあるため、干拓後も反対が根強い。

② 九十九島

寛政4(1792)年の雲仙普賢岳の噴火で眉嶽(現・眉山)が崩れ、土砂が流れて島ができた。その数が多いことからこの名で呼ばれた。有史以来、日本で起こった最大の火山災害といわれている。

③ 小浜村《おばま》　温泉湯壺

現・小浜温泉。日記には「字湯元に湯壺三か所、海辺波打際にあり、満潮には海中になる。干潮に入湯する。春は諸方より湯治に来る」。大正時代まで浜に自然湧出する温泉があった。

九州

鹿児島

桜島が噴火して大隅半島とくっついた

伊能隊の来る約30年前の安永の噴火にともなって、北東の海で海底噴火もしくは隆起が起こり、いくつかの島ができた。忠敬らは「6島できたうち1島が消えて5島が残っている」と日記に書いている。そのうちもっとも大きな「第一島」（新島《しんじま》）には、すでに人家8軒があったという。同じ噴火のときに南岸の古里《ふるさと》町には温泉が湧出した。大正3（1914）年の噴火では、溶岩流が大隅半島との間の東桜島水道を埋め尽くして陸続きになった。忠敬らも泊まった脇村も埋没してしまった。

209薩摩　鹿児島　大隅　桜島-A

① 新島（燃島《もえじま》）

安永8（1779）年の噴火を機に誕生。灰が堆積したシラス土壌で、侵蝕されて島は小さくなった。寛政12（1800）年に移住が始まり、戦後は250人が住んだ。今は無人島だが、行政連絡船が通う。

② 脇村

伊能隊は百姓・蔵之丞の家に宿泊。新島などの安永の噴火でできた島々への測量もこの脇村瀬戸から船で出発した。村は大正3（1914）年の噴火の溶岩流によって埋没。

③ 鹿児島屋形（鹿児島城）

慶長7（1602）年、初代藩主・島津家久によって築城が開始された。「屋形」と書かれているとおり、天守閣はなく、背後の城山と麓の居館でひとつの城とされた。別名鶴丸（つるまる）城。

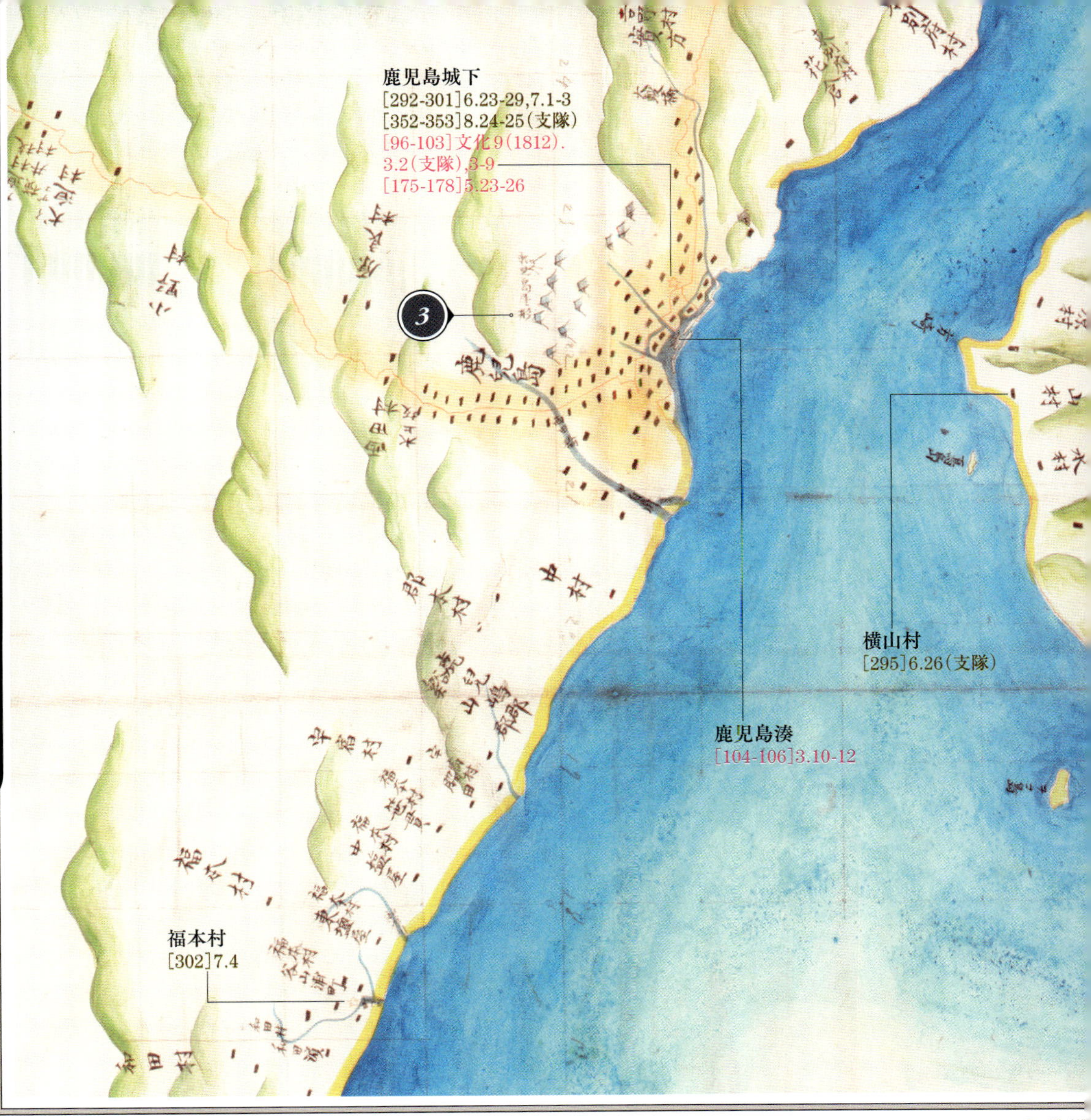

／20万分の1地勢図「鹿児島」／

地図だけじゃない！❷ Column

現地でのスケッチが美しい地図を生んだ

伊能図は、測量した数値などを記した「野帳《やちょう》」をもとに作られたが、もうひとつの貴重な資料が「麁絵《あらえ》図《ず》」である。

「麁絵図」とは、現地で隊員が描いたスケッチ（風景画）のこと。伊能図には、歩いたルートから見えた山々や海岸線に生える松林などが描かれていて、独特の美しさと品格が生まれている。これらの絵は「麁絵図」をもとにして描かれたのである。

描いたのは隊員のなかの絵心のある人だろう。第6次測量からは絵師の青木勝次郎が一行に加わって、スケッチを担当した。青木は伊能忠敬の唯一の肖像画も描いている。

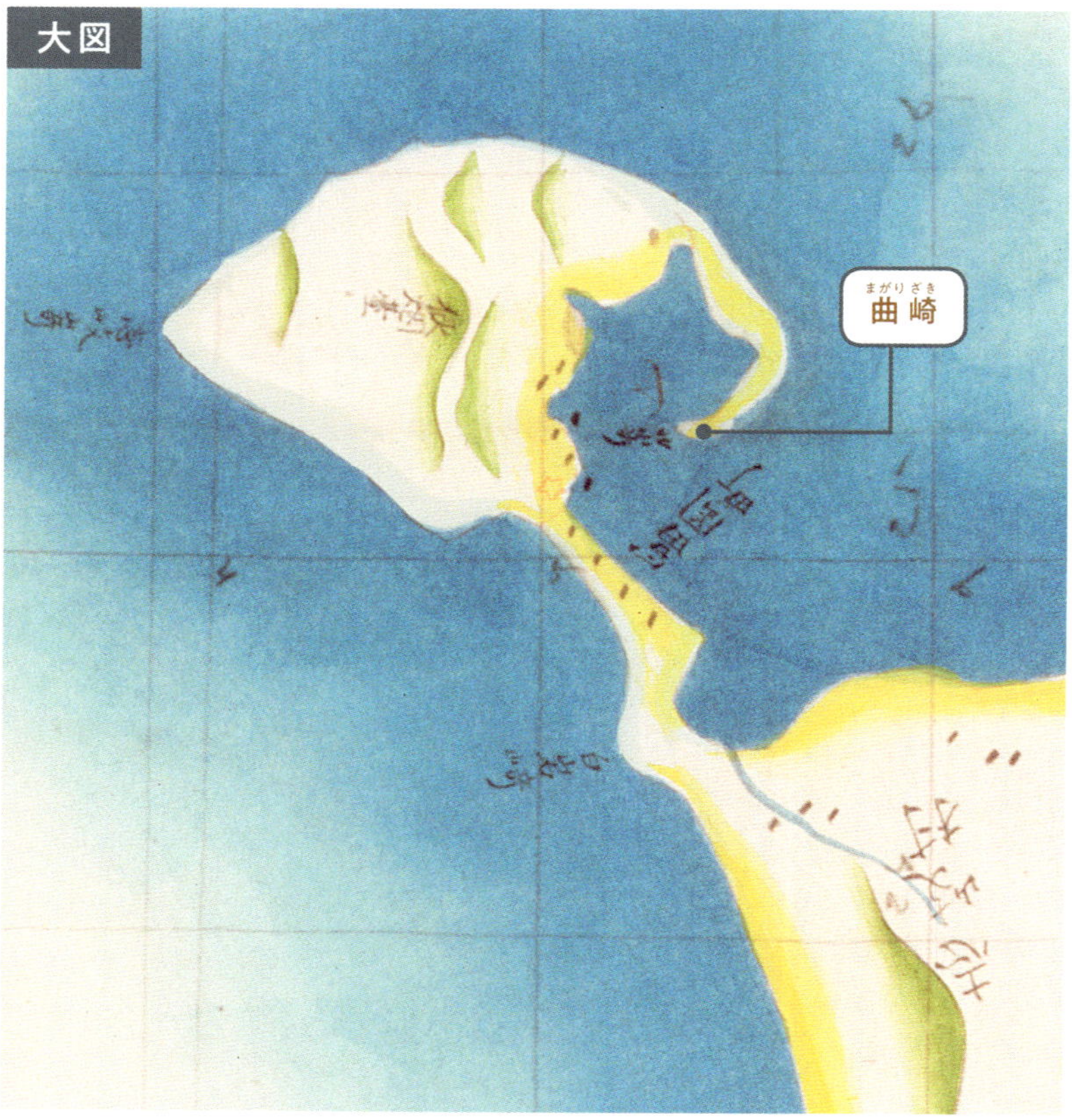

下図の麁絵図は大図ではこのように描かれた。大図第「203号　薩摩　長嶋　肥後　天草」。国土地理院所蔵（米国彩色図p96参照）。

「自肥後国天草郡中田村至肥後国天草郡魚貫（おにき）村麁絵図」のもっとも左（北）の部分。現在の熊本県天草郡苓北（れいほく）町富岡（富岡半島）の周辺。中田村は「内田村」（現・苓北町内田。絵図範囲外）の誤記と思われる。伊能忠敬記念館所蔵。

Part 3

伊能図はこんな研究で使われている

地理学

データ化されることで教育や趣味にますます身近な存在へ

Q1 伊能図は現代の地理学にとってどんな価値がある？

A もっとも古くまでさかのぼれる貴重な史料。未来予測にも役立つ

私はGIS（地理情報システム）でデジタル地図を操作し、さまざまな分析を行なっています。たとえば最近では、大学構内の自転車事故の発生場所や時刻をリアルタイムでデータ化し、いつどこで事故が起こりやすいかが一目でわかる地図を作っています。忠敬たちがみずから地図を作ったように、私たちも必要な地図は瞬時に、しかもデジタルで作ることができる時代になりました。

デジタル化されることによって、現代の地図と過去の地図を重ね合わせることも簡単になり、地形の動きを歴史的にたどる研究も格段に進んでいます。伊能図は日本におけるもっとも古い実測による地図で、きわめて精度が高いので、たいへん価値のあるものだと私は思っています。

地理学というのは地道な作業が多く、ある地点を定点観測して「10年前から地形が3cmずれた」といったことを見出しては、原因を探り、さらに未来に起こりうる地形の動きを予測します。もし50年前や100年前の記録もあれば、予測の精度はさらに上がっていきます。

伊能図のおかげで、私たちは200年前までさかのぼることができます。過去に正確な記録があるということは、未来を予測するうえでとてもありがたいことなのです。

Q2 伊能図からなにがわかりますか？

A 200年の日本列島の動きが見えてきます

伊能図とそれ以降の地図を順番に見ていくことで、地理的な変化をとらえられます。とくに、海岸線の後退や前進、山体の崩壊、街道の消滅や位置の変更、干拓や埋め立てなどが理解できます。

北海道の石狩川を見ると、河口の位置が北東に2km近く移動していることがわかります。石狩川が運んだ砂が河口に堆積して、流路が変わったと考えられています。もちろん伊能図よりあとの地図からも変化はわかるのですが、正確な伊能図があることで、200年前は確実にこうであったといえるのです。

島根県の出雲《いずも》平野では、この200年で宍道《しんじ》湖の陸地化が進んだことがわかります。斐《ひ》伊《い》川《かわ》で

教えてくれたのは
村山祐司先生
筑波大学生命環境系教授。日本地理学会会長。専門はGIS、空間分析、都市地理学、交通地理学など。『デジタル伊能図』（河出書房新社）の監修者を務める。

同じく『デジタル伊能図』の
大図「第162号　出雲」の出雲平野付近。

赤い測線が
伊能が歩いた
当時の湖岸線。
現在は水田が
東に拡大し、
斐伊川の流れも
北に移動している。

現在は河口が
北東へ2kmほど
移動している
ことがわかる。

『デジタル伊能図』の石狩川河口付近。大図「第18号　石狩」と地理院地図を重ねている。（p24～25も参照）

大図「第162号　出雲〔穴道湖〕」。「日野川」が現在の斐伊川。国土地理院所蔵（米国彩色図p96参照）。

は古代からたたら製鉄が盛んで、江戸時代から大正時代まで「鉄穴《かんな》流し」という方法で砂鉄が採取されました。土砂を流しながら比重の差で砂鉄を選別するので、大量の土砂が下流に流れます。これが堆積して出雲平野が拡大しました。斐伊川は河床が周辺より高い天井川になっています。このように史実と重ね合わせることで、歴史を深く知っていく材料にもなるのです。

Q3 伊能図の意外な注目ポイントは？

A 集落数や郡の境界は発見の宝庫です

伊能図に描かれている集落の印を数えてみるのもおもしろいです。

伊能図をざっと見てみると、集落の印や地名の数は東北で少なく、近畿に多いことに気づきます。当時は東北の人口が少なかったことがさまざまな史料から類推されていますが、集落の印を数えることはその裏付けにもなるでしょう。

日本最初の国勢調査は大正9年で、それ以前に全国的な人口調査が統一的な方法で行なわれたことはありません。どの地域にどのくらいの人が住んでいたか正確にはわかっていないのです。そう考えると、伊能図は当時の人口分布の有力な情報源のひとつですよね。

伊能図には、郡の境目である「郡界《ぐんざかい》」が描かれていますが、これにも注目していただきたい。明治22年の市制町村制が施行される前の行政界は、いつどこに引かれたか部分的にしかわかっていません。伊能図を見れば全国的に調べることができます。

こうした地道な調査は、意外とまだだれもやっていません。伊能図は情報のつまった宝の山といえるでしょう。

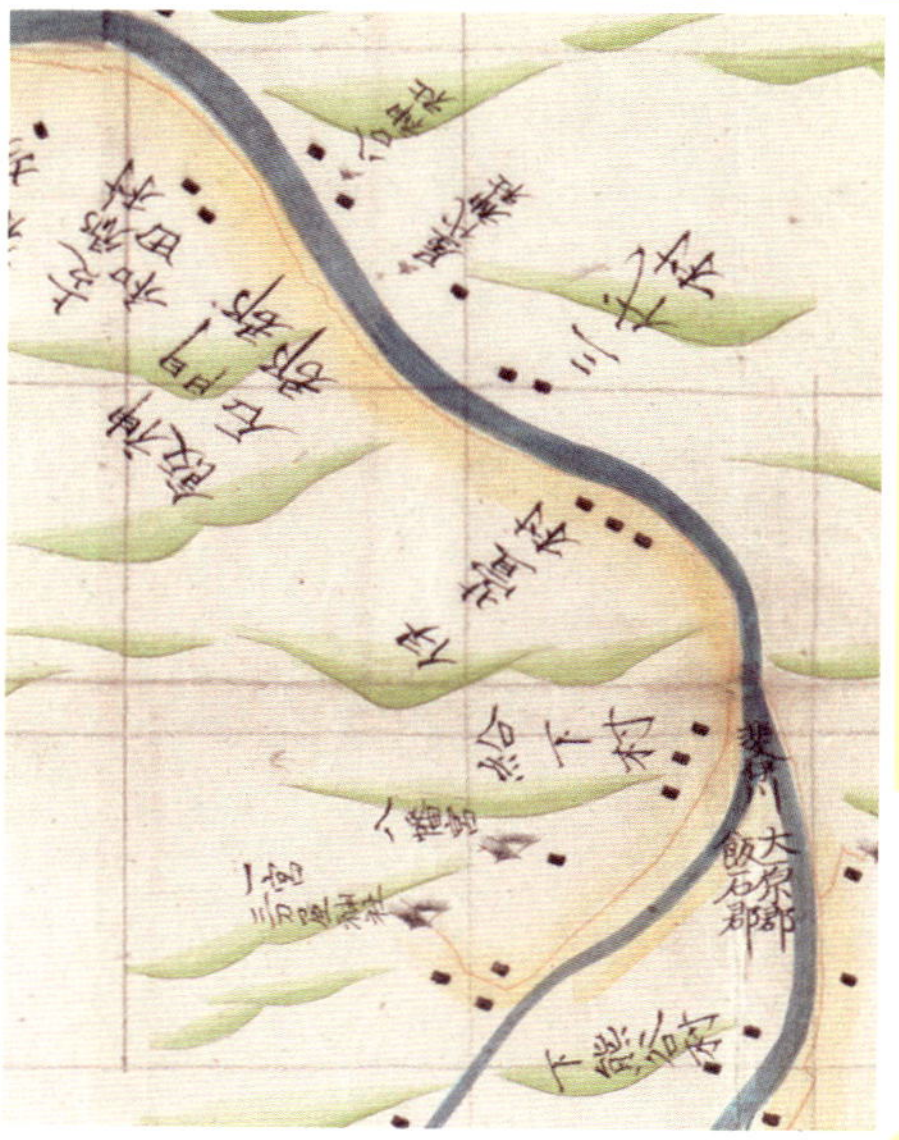

郡界は、郡名が同じ向きで並べて書かれる。前ページと同じく大図「第162号　出雲〔穴道湖〕」より。

Q4 デジタル時代ならではの使い方はありますか？

A 世界にもまれな19世紀初頭の古地図データとして、教育にも趣味にも活用されるでしょう

近年、パソコンやスマホで古地図を手軽に見ることができるようになってきました。伊能図もデジタル化されたことで、現在の地図と簡単に重ねられるようになっています。私の場合は、大学の講義で、東京の日本橋から佃島《つくだじま》にかけて学生たちと歩いています。伊能図と現実の風景を見くらべることで、永代橋のつけ替えなどの地理的な変化に気がつき、過去から今につながる街の変遷をよりリアルにつかめます。テレビ番組などでも古地図と比較しながらの街歩きが人気を博しています。伊能図のほか、国絵図、明治期の迅速測図など、さまざまな地図を重ね合わせれば、知的な旅ができるでしょう。

集落がみっしりと描きこまれた大図「第135号〔大阪　尼崎〕」。国土地理院所蔵（米国彩色図p96参照）。

『デジタル伊能図』の「江戸府内図」で佃島周辺を拡大。

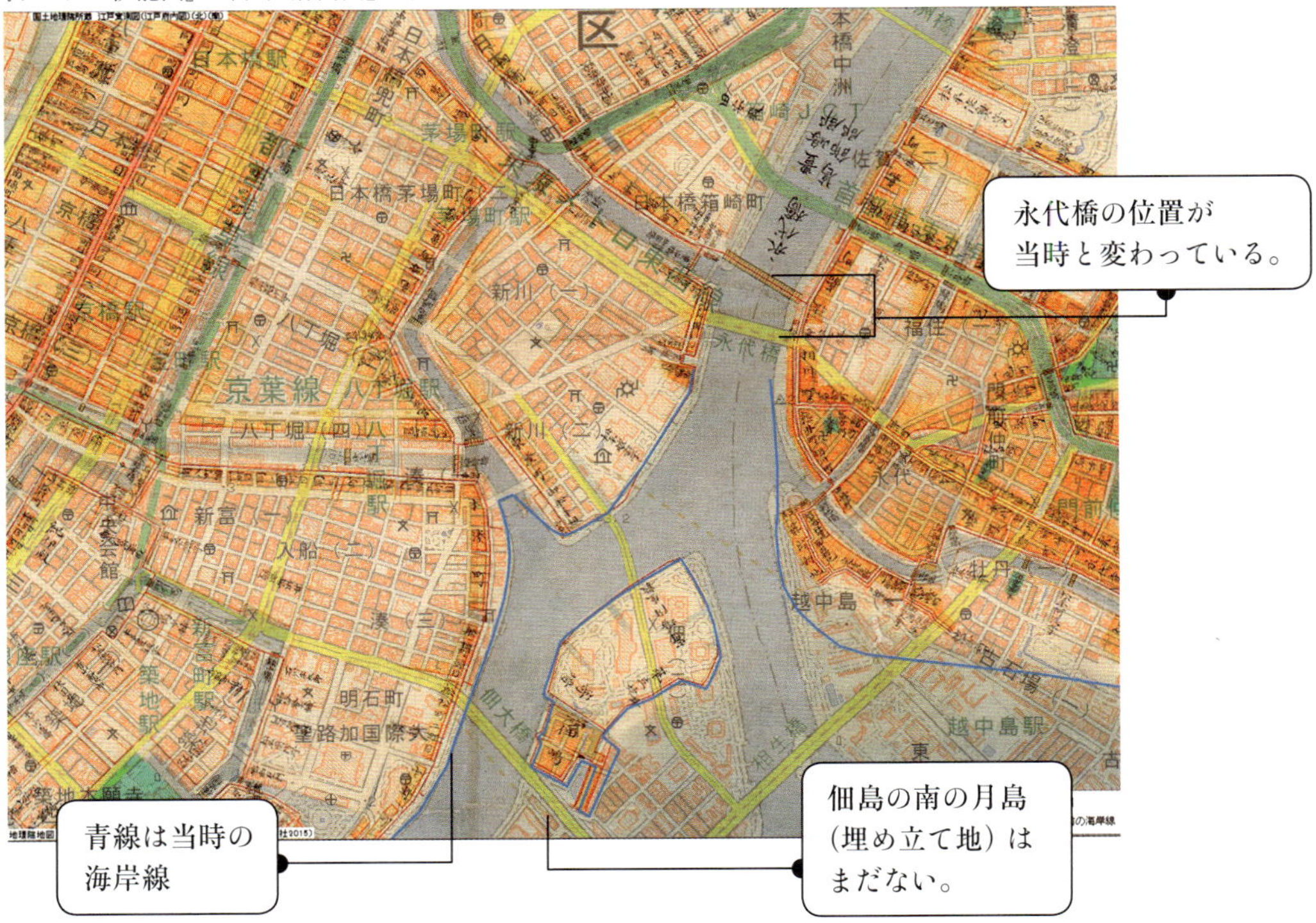
永代橋の位置が
当時と変わっている。
青線は当時の
海岸線
佃島の南の月島
（埋め立て地）は
まだない。

また、教育分野での活用も期待できます。２０２２年には、高校で「地理総合」が必修科目になりますが、そこでは、これまで地理学の専門技術であったGISの扱い方も教えられます。高校生たちが伊能図と現在の地元の地図を重ね合わせて地域のさまざまな課題に取り組んでいく。そんな光景が目に浮かびます。

地形学

「江戸府内図」から東京の都市化の歴史が見えてくる

Q1 どんな研究に伊能図を使っていますか？

A 「江戸府内図」で、江戸から東京にいたる地形の変化を調べています

私は主に平野の地形の成り立ちと変遷を調べています。東京西部の武蔵野台地を調べたあと、東部の東京低地の移り変わりを調べようと思ったときに、伊能図が使えそうだと思いました。

武蔵野台地は数万年という長い歴史のなかで、あまり人の手で地形が変えられていないので、変化を調べるなら地層の調査が中心です。一方、東京低地の場合は、陸地化されたのが約７０００年前の「縄文海進」以降と新しく、徳川幕府が開かれたあとは人の手で変えられたところも多い。だから江戸期の地図も見てみようと思ったんです。もともと東京湾にそそいでいた利根川も、家康から家光の時代に千葉県の銚子方面につけかえられましたね。

忠敬たちの作った地図のなかでも、江戸周辺を拡大した「江戸府内図（江戸實測図）」を使いました。大図の縮尺が３万６０００分の１なのに対して、江戸府内図は６０００分の1と大きいので、詳細に川や集落が描かれています。

江戸府内図（江戸實測図）の「北」「南」。北１８５×２８８cm、南１９６×３１４cm。国土地理院所蔵。

教えてくれたのは
久保純子《すみこ》先生
早稲田大学教育学部教授。自然地理学、地形学専攻。共著書に『日本列島100万年史　大地に刻まれた壮大な物語』（講談社ブルーバックス）など。

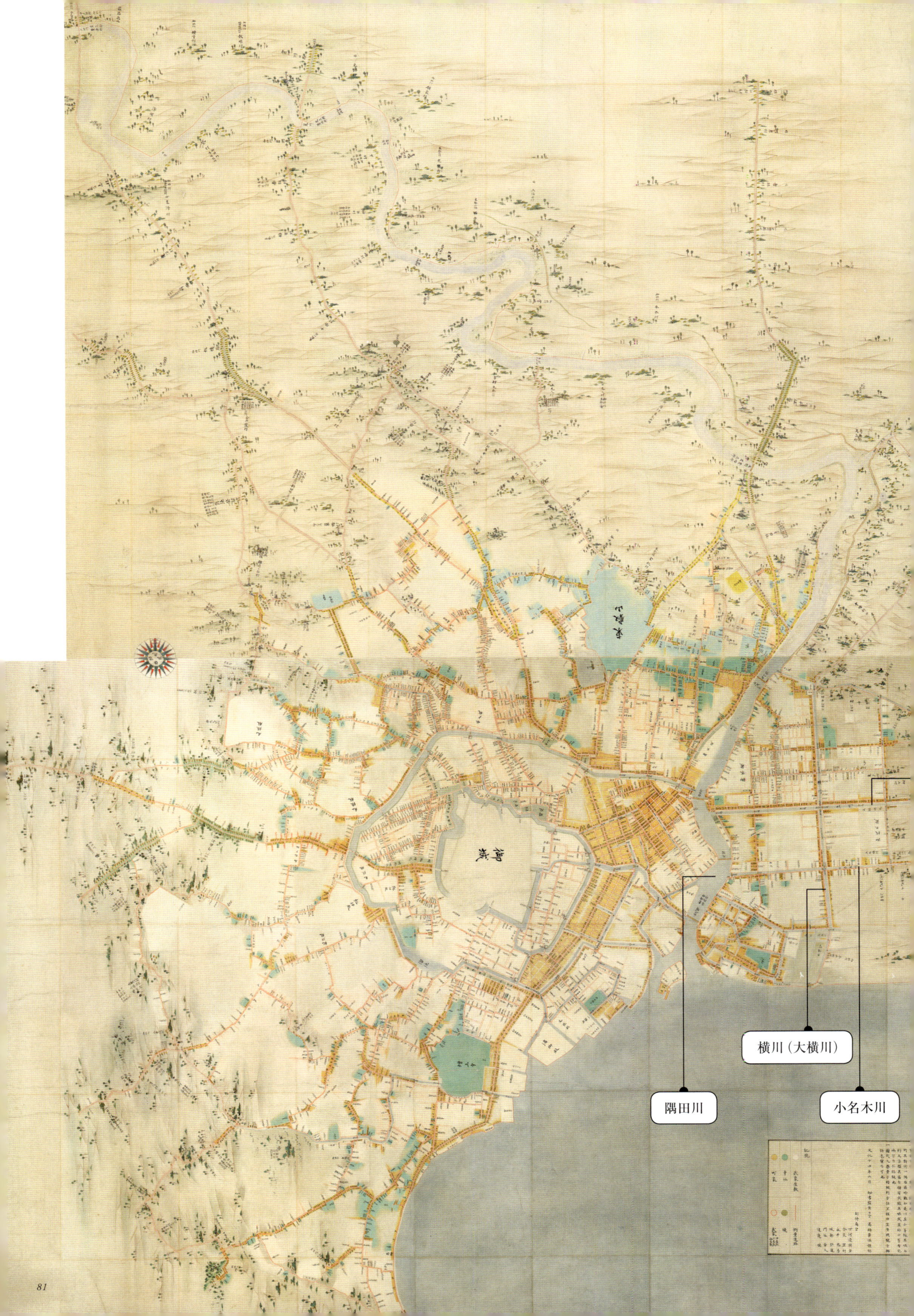
御城
隅田川
横川（大横川）
小名木川

Q2 江戸府内図は他の古地図と何が違う？

A 中世以前の東京低地を想像するヒントを得ました

江戸府内図があれば、陸地測量部が明治10年代に作った迅速測図との間の変化を明らかにできます。結果としては、江戸府内図から迅速測図の60年間に大きな変化はないということがわかったのですが……。

東京低地は大正・昭和以降の変化が大きい。江戸府内図と迅速測図を見ると、荒川（荒川放水路）がありません（昭和初期に完成）。江戸川放水路や新中川も当時はありませんでした。

しかし、江戸府内図から見えてくることもあります。隅田川と中川の間に、小名木《おなぎ》川や立《たて》川（現・竪川）、横川（大横川）などの運河が目立ちますね。流路がまっすぐなので人工の河川とわかります。中川のようにクネクネと曲がった自然河川の両岸には、洪水のときに土砂が堆積して「自然堤防」ができます。こういう場所は周囲より1mほど標高が高く、「微高地《びこうち》」と呼ばれます。反

【東京低地の水域・地形の変化】久保（1994）

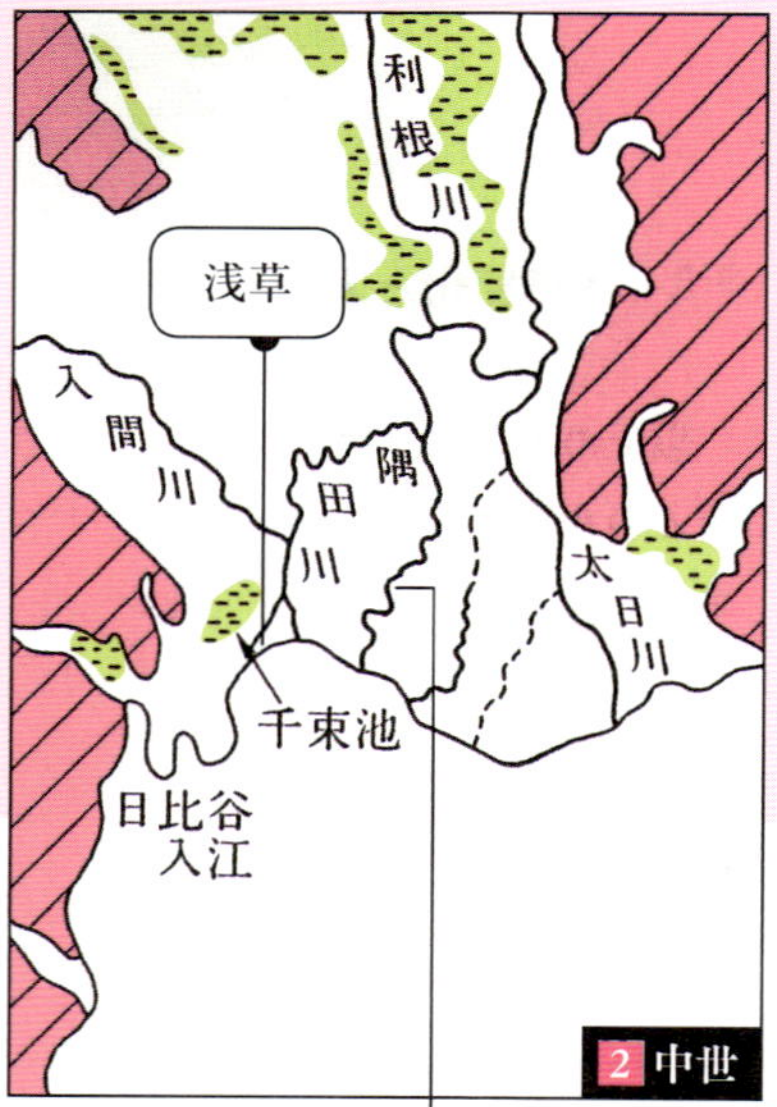

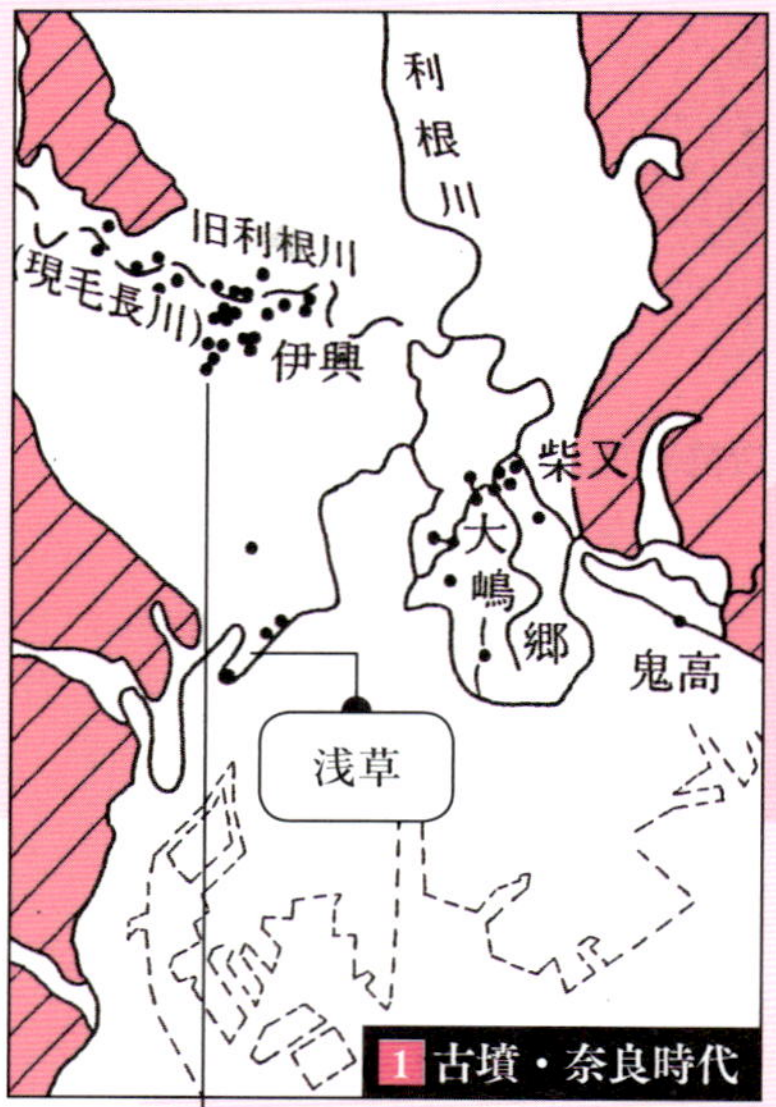
両岸の自然堤防に集落が集中。旧利根川河口の水上交通の拠点だったか。

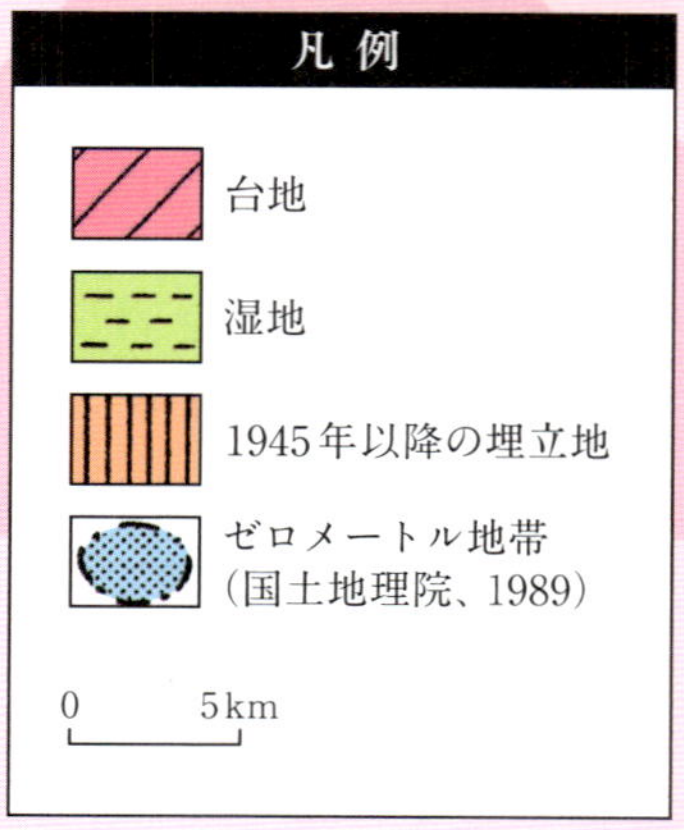

同図の毛長川の部分。毛長川は現在では足立区と草加市の間の小河川だが、自然堤防（黄色）の分布を見ると、昔は大河川だった可能性がある。

濃く細い青線が現在の流路で、水色部分が昔の河道。

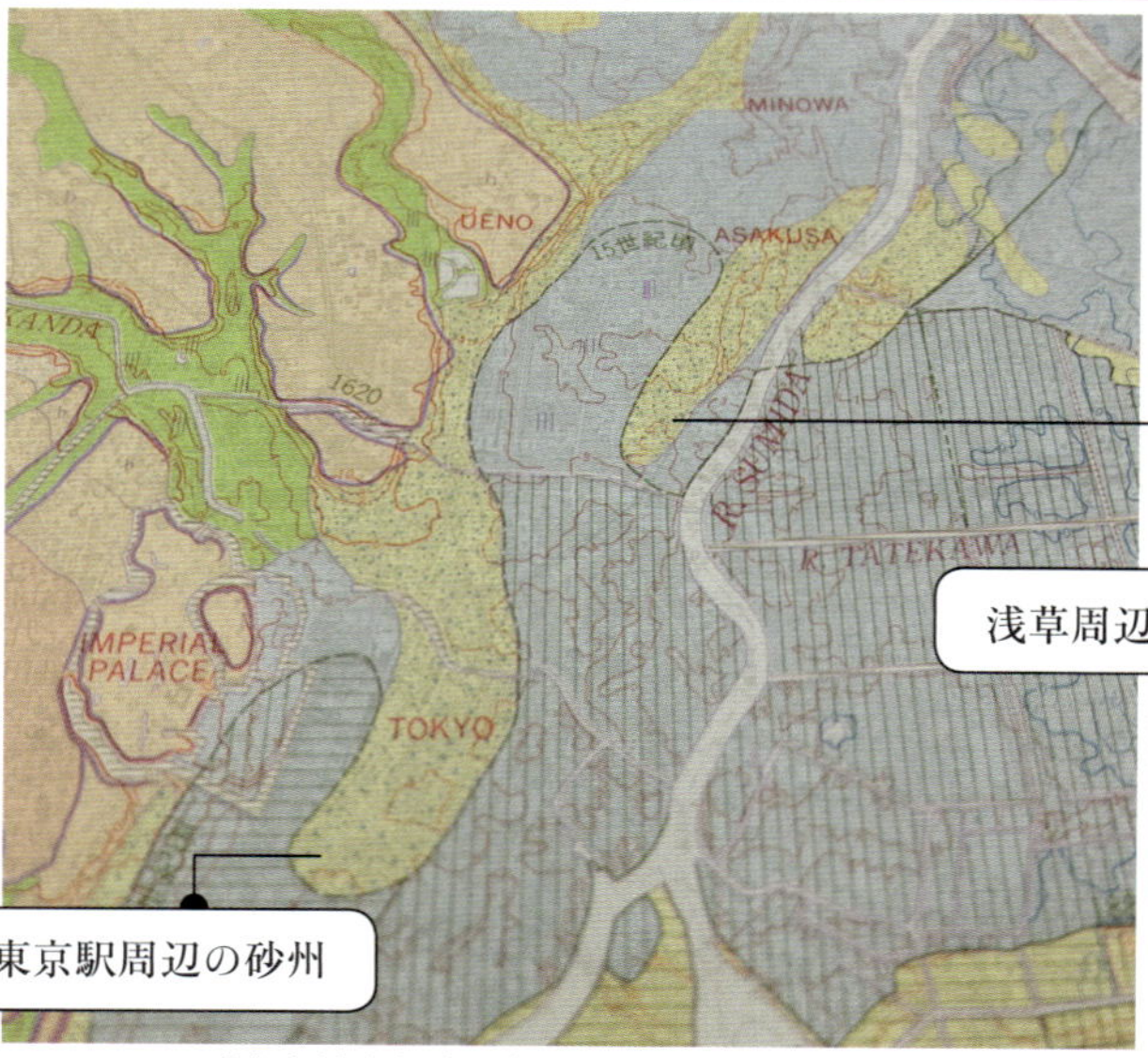

「東京低地水域環境地形分類図」（久保、1993）の都心部分。

対にいえば、「微高地」のあるところは、自然河川が流れていたと考えられるのです。前述の運河には微高地がありません。運河の地域は干拓地であり、干拓される前の中世には遠浅の干潟が広がっていたと想像できます。

江戸府内図の浅草を見ると、町家が密集していますね。浅草寺の創建は古く、7世紀とされています。東京低地のなかでも古くから人が住んでいたようです。実は地質の調査などから、浅草は海岸に形成された「砂州」だったことがわかっています。砂州も波の作用でできた微高地の一種です。

東京低地には古墳時代以降の遺跡しかありませんが、そのほとんどが微高地から発見されています。微高地は水害を避けやすい。伊能図を見て、もし平野に集落や街道があれば、そこは微高地だった可能性があります。

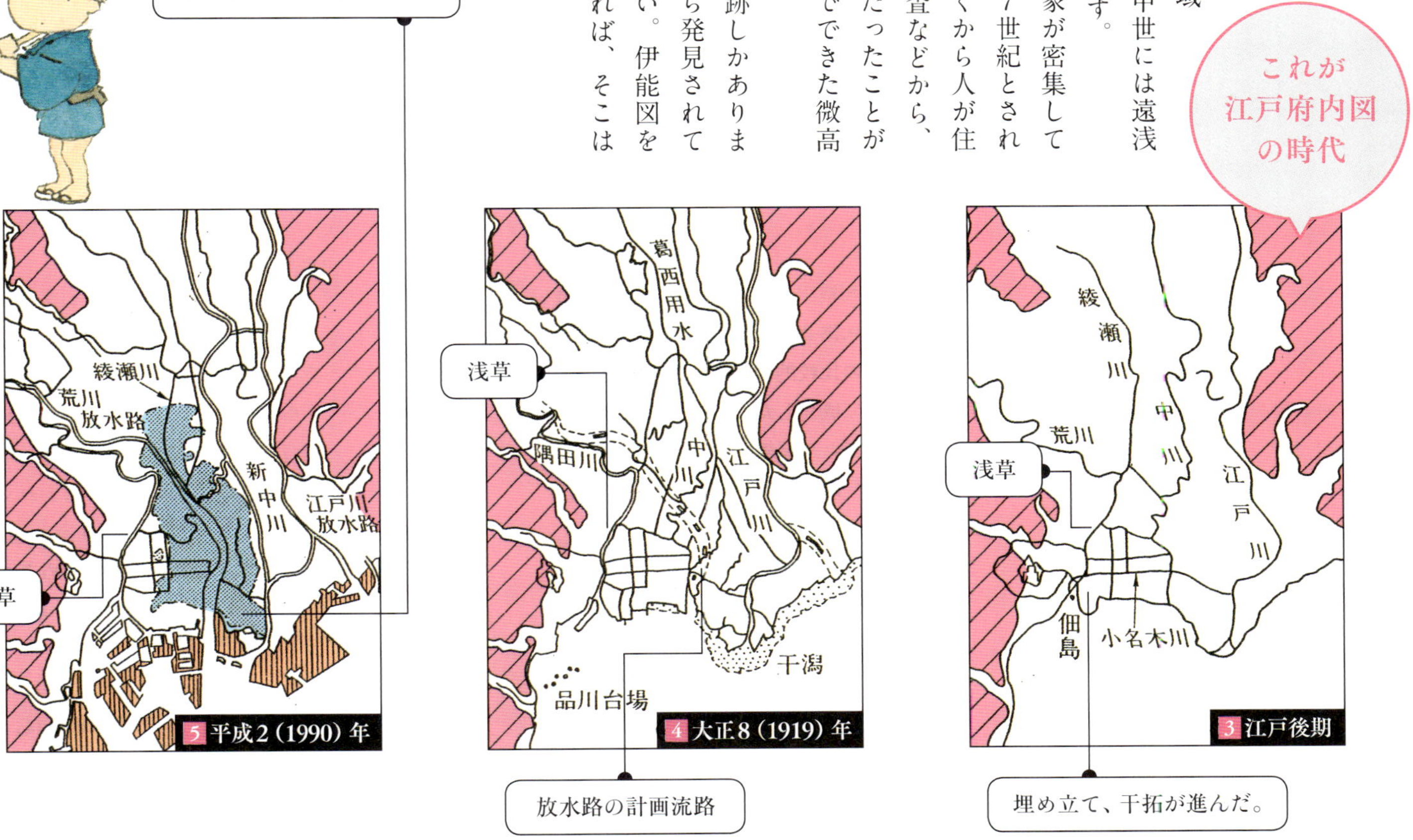

03 おもしろい楽しみ方はありませんか?

A 米軍による空中写真と見くらべると意外な発見があるかも

国土地理院のウェブサイトでは、アメリカ軍が1947年頃に日本全国を空撮した写真(空中写真)を公開しています。空中写真をじっくり見ていると、河川の昔の河道が見えてきたりして、意外な発見があります。伊能図とこうした空中写真を重ね合わせれば、土地の歴史がもっとくわしく見えてくるはずです。

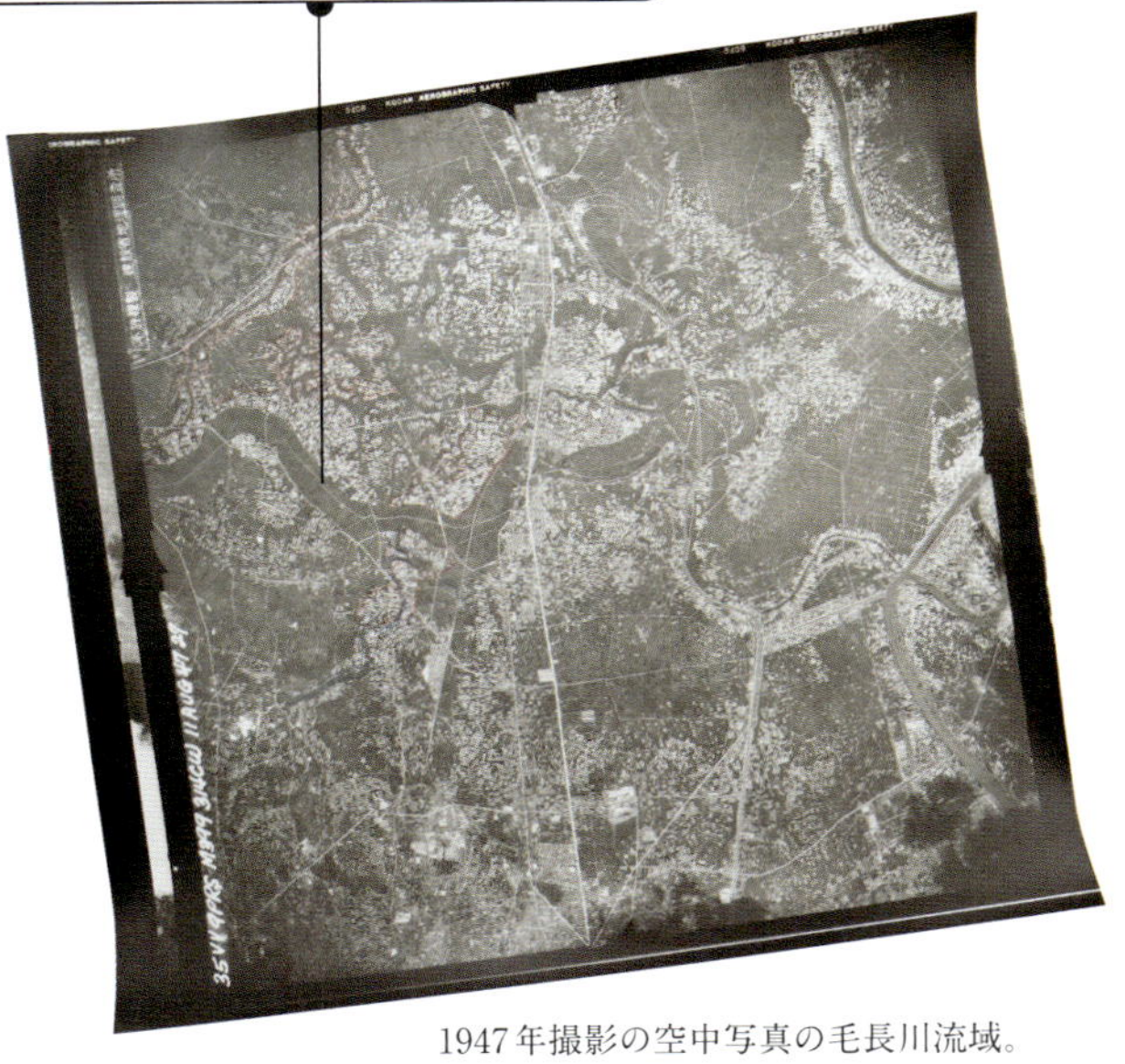

1947年撮影の空中写真の毛長川流域。

Q1

「千年村《せんねんむら》」とはどんな村なのか。そのヒントが眠っています

伊能図はどんなところに使えますか？

A 『倭名類聚抄』に出てくる郷名の現在地を特定できそうです

研究者の仲間や学生たちと「千年村プロジェクト」を運営しています。1000年以上にわたって、災害や社会変化をのりこえて生活が営まれている地域を探して、そのよさを明らかにしようという試みです。これまで「島野《しまの》」（千葉県市原市島野）を皮切りに、「五料《ごりょう》」（群馬県安中《あんなか》市松井田《まついだ》町五料）や「山田井《やまだい》」（三重県津市大里睦合《おおざとむつあい》町山田井）など、9か所を「千年村」に認証しています。

候補地を探すために、まずは『古事記』と『日本書紀』から地名を拾ってみました。ところが、あまり現在地を特定できないんです。そこで次に平安時代の辞書『倭名類聚抄《わみょうるいじゅうしゅう》』に注目しました。

ここには約4000の郷名が記載されています。『角川日本地名大辞典』を参考にして、現在のどこに当たるか調べたところ、1977か所が特定できました。これを地図にプロットして2015年から公開しています。ただし、『倭名類聚抄』には北海道と東北がほとんど載っていなくて、沖縄も載っていない。これらの地域については地域ごとの史料を参考にして補いました。今では約2800の千年村候補地を地図に落としています。

さて、『倭名類聚抄』のうち、現在地を特定できなかった約2000の郷名についても、できれば特定したいと思っていました。そんなときに『デジタル伊能図』の存在を知って購入しました。

千年村プロジェクトのマップ。水色の部分が千年村の候補地。

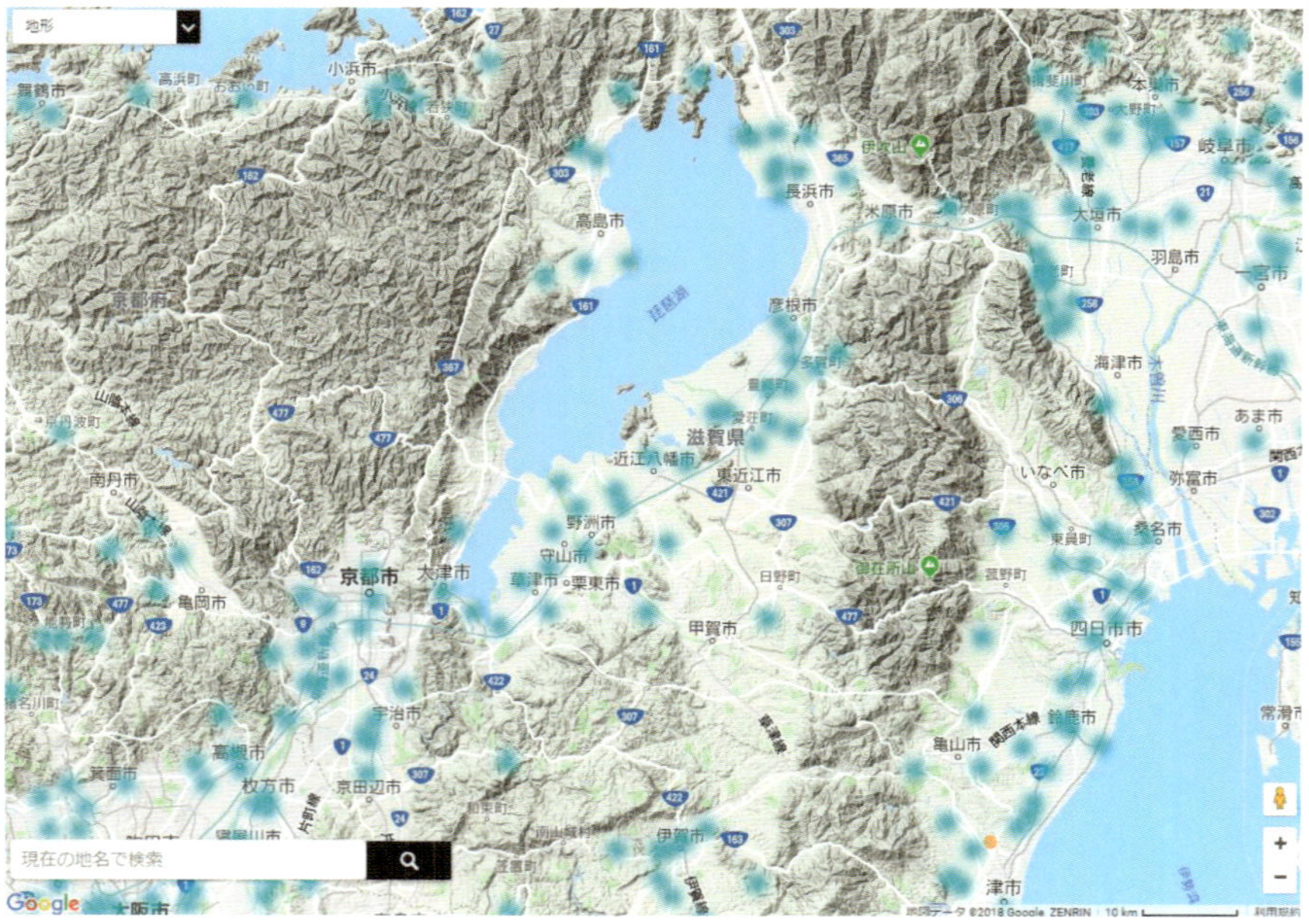

教えてくれたのは
中谷礼仁《のりひと》先生
早稲田大学理工学術院教授。著書に『今和次郎「日本の民家」再訪』（平凡社）、『動く台地、住まいのかたち　プレート境界を旅する』（岩波書店）など。

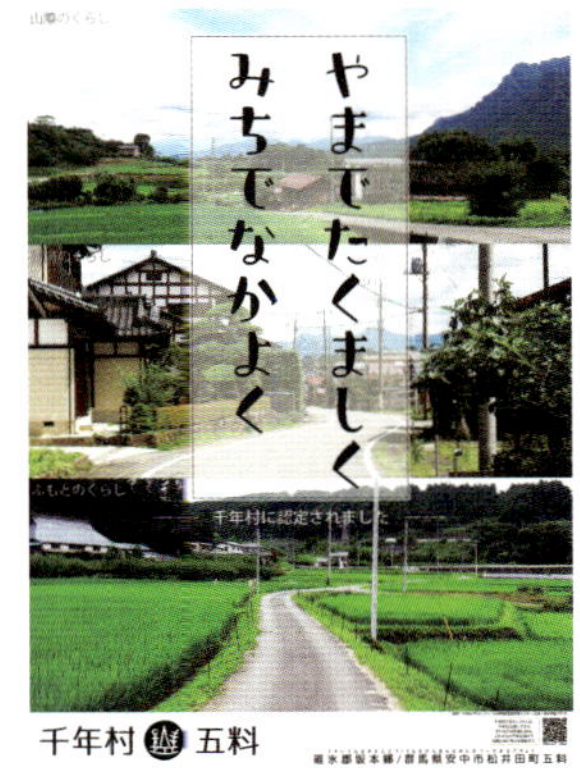

千年村に認証されたことを記念して、地元の人と大学生が協力して作った五料（群馬県安中市松井田町五料）のポスター。裏面（左）は、集落のどの場所でどのような遊びが行なわれていたかを示す地図。

特定できなかった郷名を探せた！

伊能図は全国的に測量がなされていて、地名もたくさん載っている。それを見ればいくつか特定できるかもしれない……。そう思いつつ、忙しくて実はまだ使っていないんです（笑）。特定できなかった郷名は、プロジェクトのホームページに県別に掲載しています。では、ためしに滋賀県の「神崎《かんざき》郡小幡《おばた》郷」を探してみましょう。

神崎郡の小幡村。現在の東近江市の五箇荘《ごかしょう》駅あたりですね。

伊能図には、地名の検索機能もあるので、それを活用すればどんどん探せそうです。

千年村の地図は、グーグルマップのほか地質図や明治期の迅速測図など、さまざまな地図に候補地を表示できるようにしています。ここに伊能図も加えることができたら、千年村の姿が見えてくると思います。

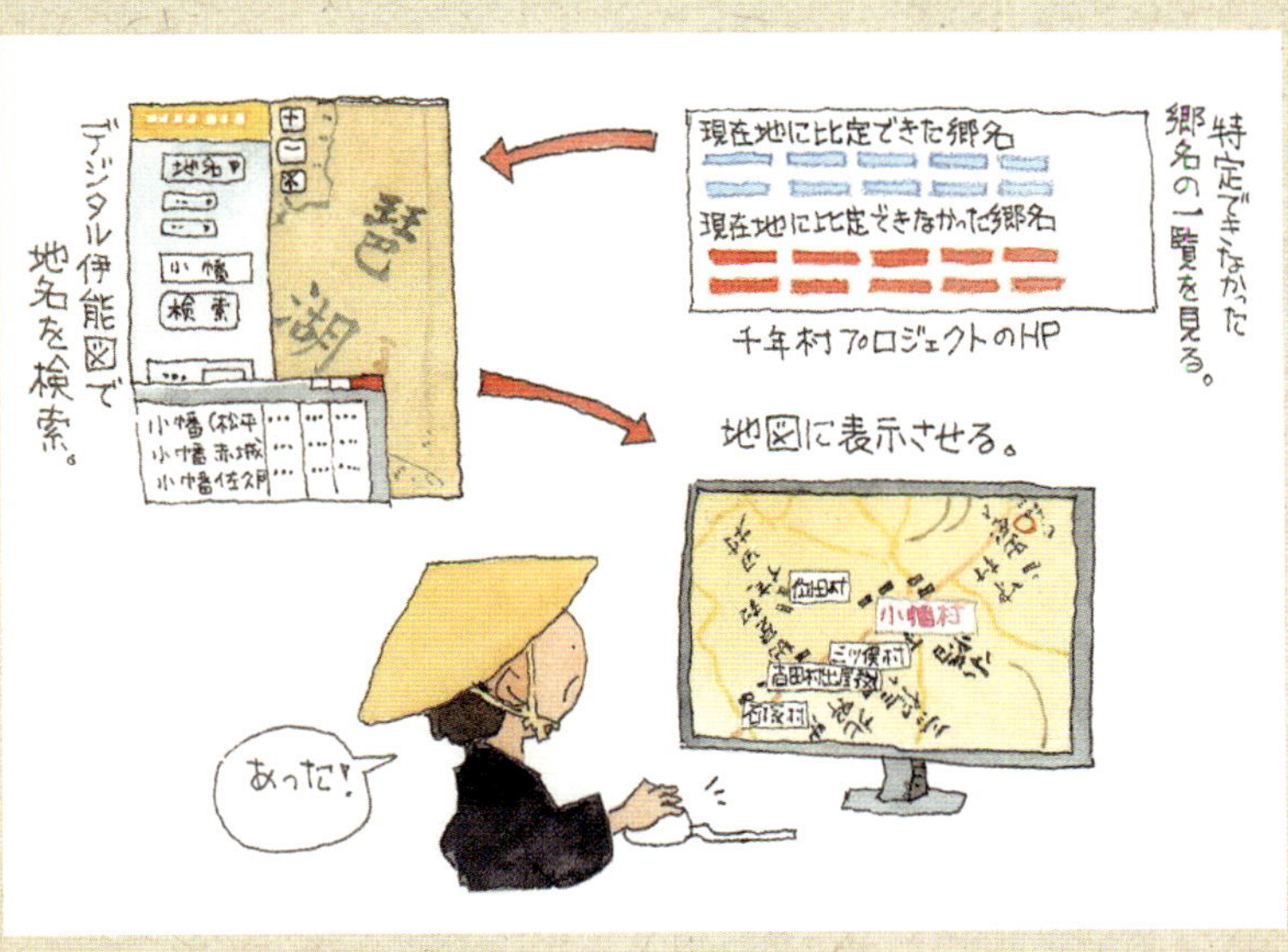

ここが小幡村。
現在の滋賀県東近江市の
五箇荘駅の付近。

『デジタル伊能図』の太図「第125号 彦根」。「神崎郡小幡郷」の周辺。

歴史工学

Q2 「千年村プロジェクト」のように、過去を見直すことは、私たちの生活にどんな価値をもたらすのでしょうか？

A 「壊れなかった村」の特徴をこれからの町づくりに生かせるかもしれません

もとは建築史が専門です。建築といっても、どのような思想で建てられたかを考える前に、どのような自然環境の制約を受けていたかを考えるのが好きでした。いい建築にはいい木材や石材が必要ですよね。「唯物論」が好きというか、あらゆる根源を物質と考えてみたいのだと思います。

大阪市立大学に勤務していたとき、百舌鳥《もず》古墳群の近くの寮に住んでいました。そこは古墳の密集地帯ですが、道は見事なまでに古墳を避けて通っている。古墳といえば年表に記された過去のものと思っていましたが、今もあるじゃないか、と驚いたんです。東京出身なので地元の人より新鮮な目で見ることができたのかもしれません。長屋や団地も条里制の区画のまま建てられていたりす

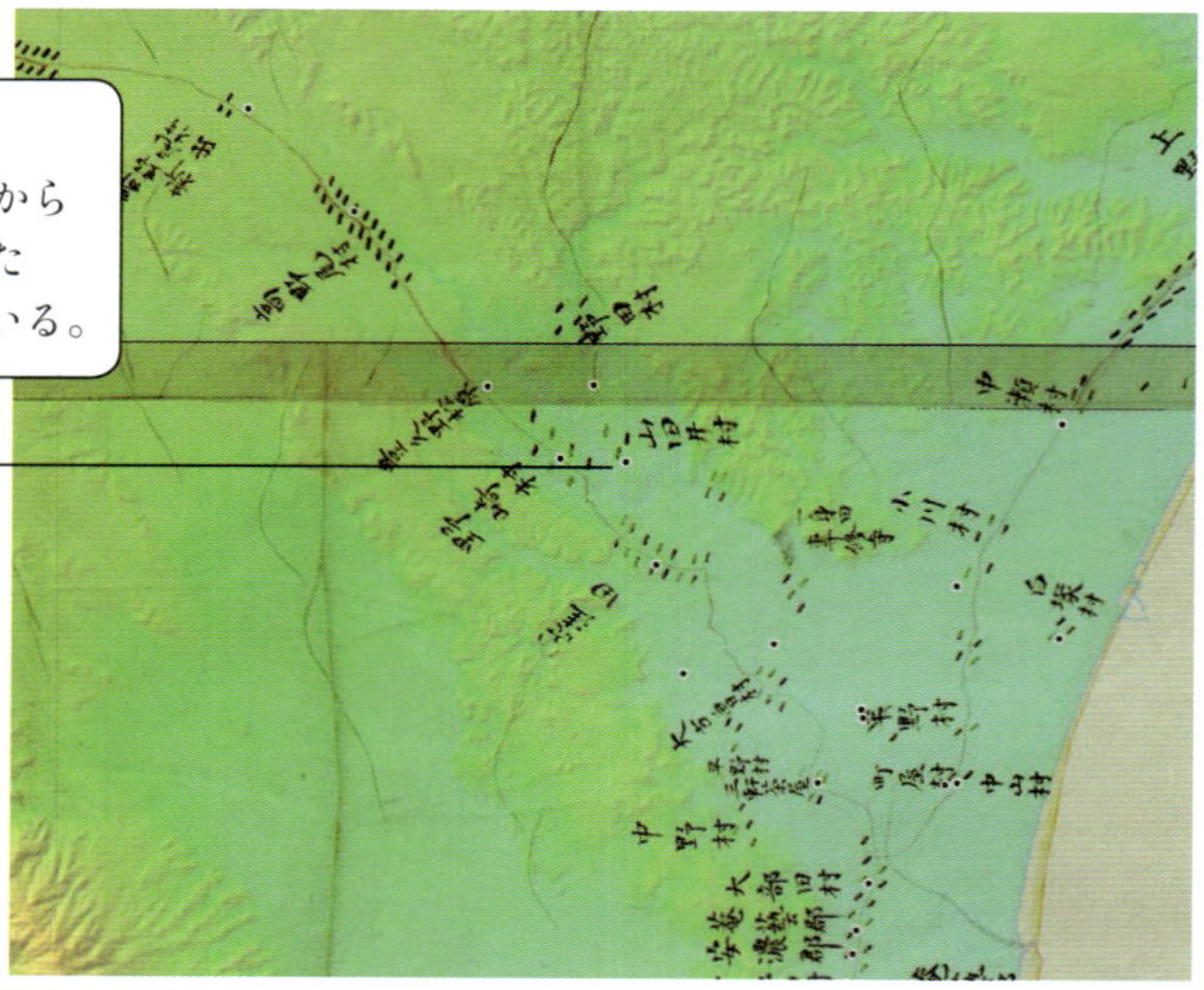
山田井《やまだい》。
津と関を結ぶ街道から
少し北東にはずれた
ところに位置している。

千年村に認証された山田井（三重県津市大里睦合町山田井）付近。『デジタル伊能図』の大図「第129号　桑名」「第130号　津・松坂」と色別標高図を重ねて表示。

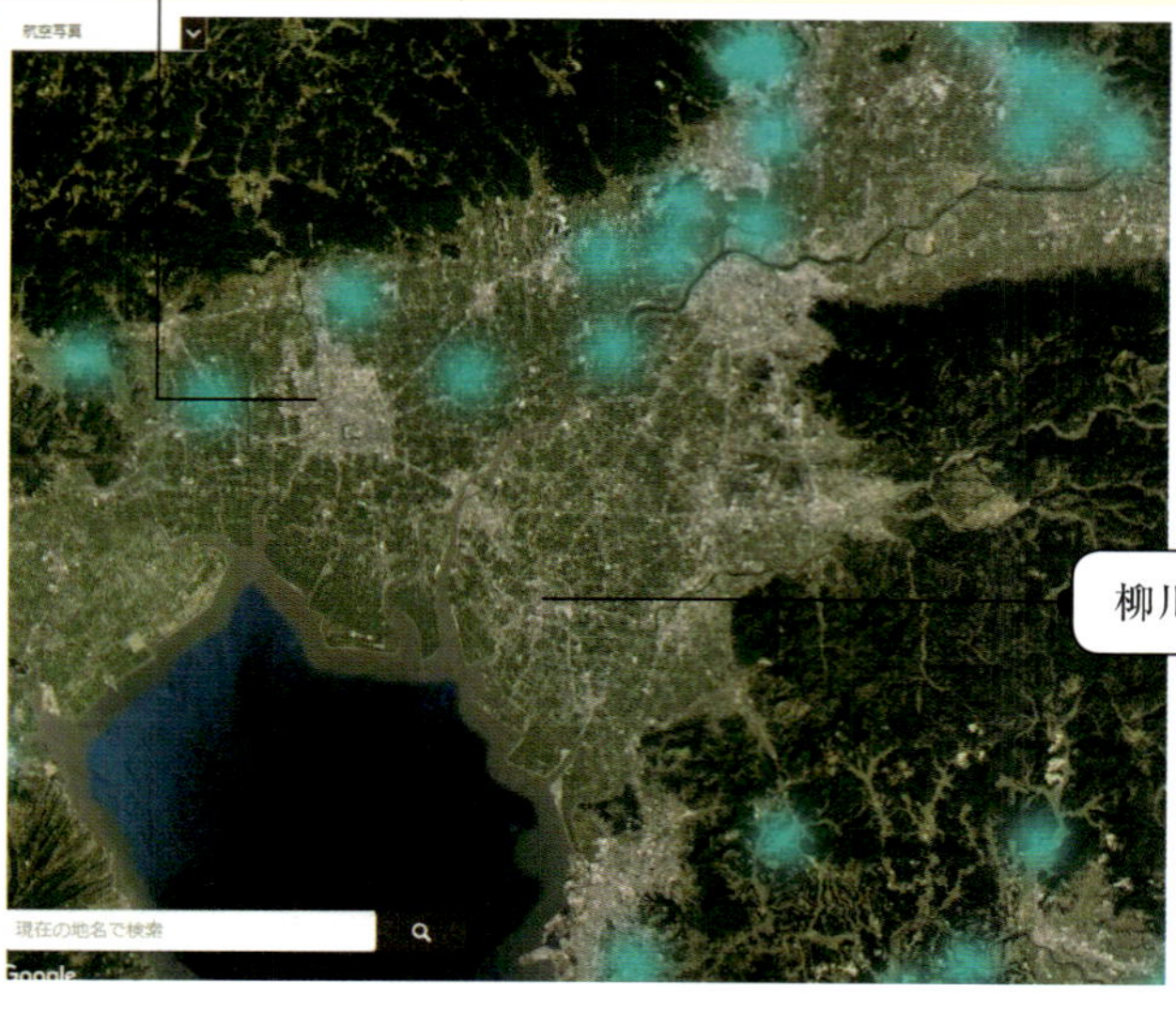
佐賀市
柳川市

千年村マップを「航空写真」にして、福岡県柳川市周辺を表示。佐賀平野ではなく平野と台地のきわに千年村の候補地が多い。

る。過去は現在の生活に大きな影響を与えていて、現在には過去の歴史が蓄積されている。それ以来、都市に隠れている過去の形質に関心を持つようになって、研究テーマを「歴史工学」と名づけました。

もうひとつのきっかけは、２０１１年に起きた東日本大震災でした。津波で壊されてしまった集落はたびたび報道されて注目されました。そんななか、防災学の権威である長谷見雄二・早大教授が、壊れない村を探す大事さをふと漏らしたのですね。それにピンときました。でも、壊れていないから注目されないし、なかなか表にあらわれない。だから探してみようと思ったんです。

地図に落としたとはいえ、集落がちゃんと持続しているかどうかわからない。「疾走調査《しっそうちょうさ》」と称して、学生たちと実地調査を行なっています。実際に出かけてみると、いろいろなことがわかります。道が先にできた集落だと、道にはりつくようなかたちで家が建っているし、街道よりも古い集落だと、その土地の地形にしたがうように家が建っている。伊能図も道と集落に注目して見てみるのもおもしろいでしょうね。

福岡県の柳川という水郷の町にこれから調査に行くのでそこも確認してみましょう。平安後期の『倭名類聚抄』だと柳川の中心部はまだ村として成立していません。未開発な沼地だったのですね。それが忠敬の時代になると河川が整備されて見事に栄えています。このように時代の違う地図を比べることでいろいろなことが見えてきます。

大図「第188号　肥前　佐賀　筑後　久留米　柳河　筑前」。国土地理院所蔵（米国彩色図p96参照）。

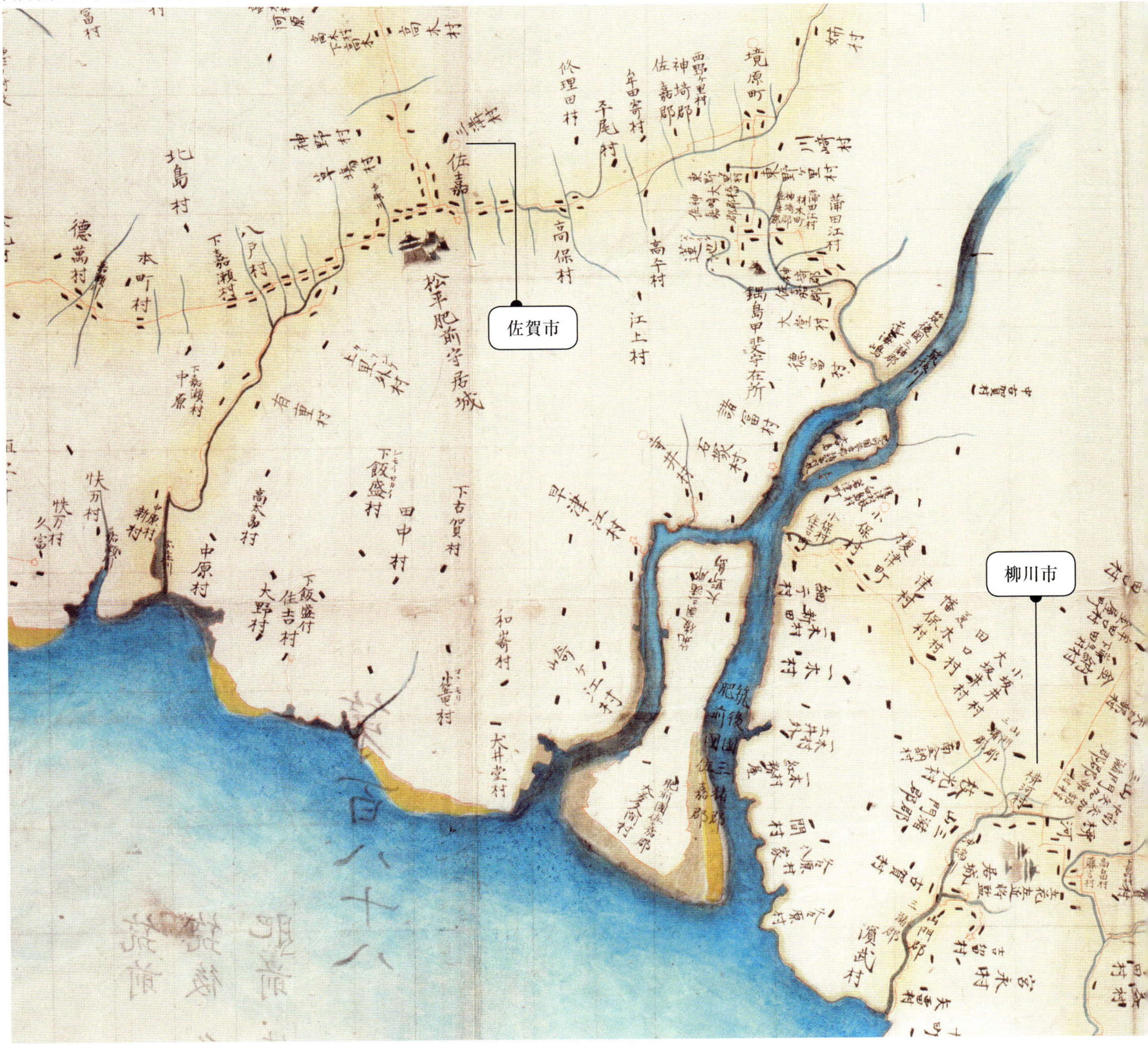

火山学

噴煙から火山活動の歴史を知ることができる

どのような研究に伊能図を使っていますか？

A 火山の歴史を知るために、伊能図に描かれた「噴煙」に注目しています

もともと登山が好きで、火山がどのように生まれ、どのように死んでいくかに興味を持って研究を続けています。火山の歴史を知るためには、地層の堆積物などから過去にどんな噴火が発生し、山の形はどのように変わってきたかを調べます。

研究に伊能図を初めて使ったのは、2008年の御嶽山《おんたけやま》に関する論文です（「御岳《おんたけ》火山の歴史噴火記録の再検討と噴気活動の歴史記録」）。なぜ、大きな被害をもたらした2014年の噴火の前から御嶽山に注目していたかというと、御嶽山は昭和54（1979）年の噴火が有史以来の噴火とされていましたが、それが本当かどうか、はっきりしなかったためです。

はっきりしなかったのは、これまで宝亀5（774）年と明治25（1892）年に噴火があったという説も、根強く流布されてきたからでした。伊能図の大図を見てみると、御嶽山は描かれているものの噴煙は描かれていません（御嶽山周辺の測量は1809年と1814年）。774年と1892年の説の根拠となる文献も再検討してみたところ、この2つの説は誤解や創作に基づくものである可能性が高い。他のさまざまな文献も検討しましたが、とくに19世紀の御嶽山の場合、麓から見えるような顕著な噴火活動はなかったと考えるのが妥当と判断しました。

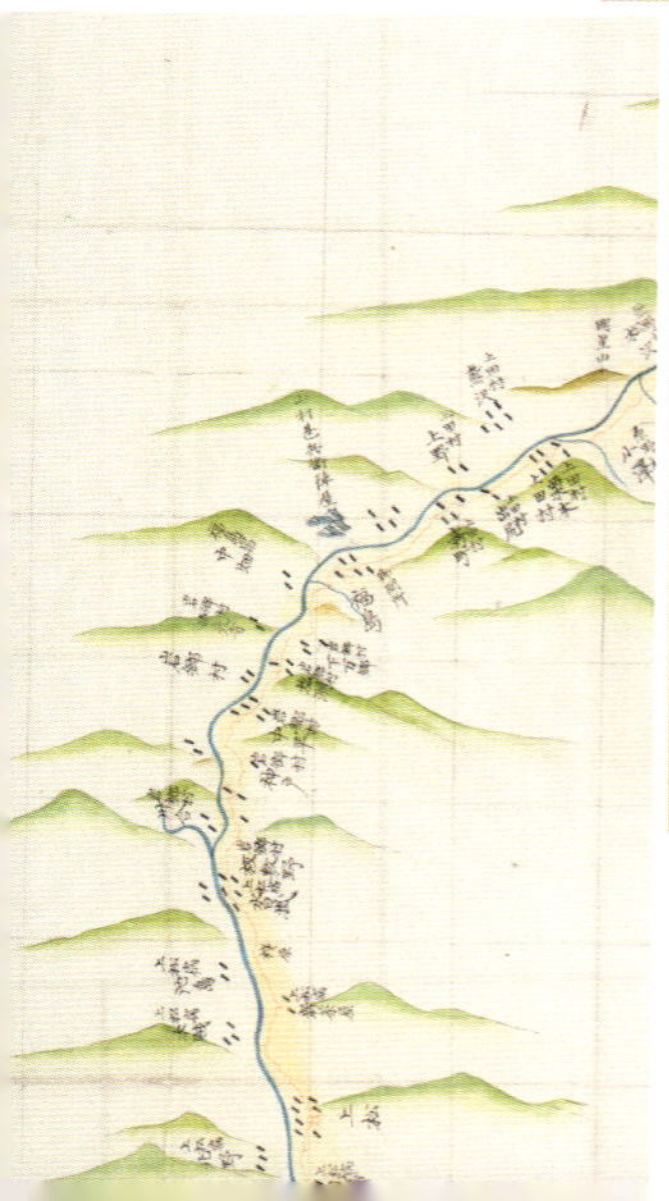

噴煙が描かれた浅間山。大図「第95号　上野・信濃」より。国立国会図書館所蔵。このほか、鳥海（ちょうかい）山や阿蘇山などに噴煙が描かれている。

教えてくれたのは
及川輝樹先生
理学博士。国立研究開発法人産業技術総合研究所に所属。活断層・火山研究部門火山活動研究グループの主任研究員。

御嶽山はさまざまな場所から見えたようで、方位線がたくさん描かれている。中図「中部近畿」国土地理院所蔵。

大図「第109号　飛騨　美濃　信濃　福島」の御嶽山。噴煙は描かれていない。国土地理院所蔵（米国彩色図p96参照）。

なぜ古地図の描写は大切なのですか？

A 堆積物として残らない小さな火山活動を教えてくれます

もちろん火山の研究は、噴火にともなう堆積物の分析が基本です。しかし、堆積物をともなわない噴気だって火山活動のひとつです。噴気は消えてしまうからさかのぼって研究はできません。古地図などの史料を見ることも必要なのです。

国絵図や赤水図、伊能図などの江戸期の地図をリストアップして、それぞれの火山に噴煙が描かれているかどうかを表にまとめてみたら、おもしろいことがわかりました。

鹿児島の桜島は噴煙「なし」の地図が多く、霧島は「あり」が多い。現代だといつも噴煙を噴いているのは桜島という印象ですよね。でも、江戸時代は桜島はあまり活発ではなかったらしい。時代劇などで鹿児島を象徴するために桜島がドーンと噴煙を上げているシーンが出てきますが、それはちょっとおかしいのかもしれませんね。

でも、さらに興味深いのは、伊能図だけが桜島に噴煙を描いているということ。これをどう考えればいいのか……。忠敬は測量の精度を上げるために、測点から山がどの方角に見えるかを測っている。伊能図の絵はまずまず信頼性が高いといっていい。他の地図は当時の常識や伝聞をもとに描いただけなのか。忠敬が立ち寄ったまさにその日は噴煙を吐いていたのか。興味は尽きません。

谷文晁「日本名山図会　人」に収められた阿蘇山。国立国会図書館所蔵。

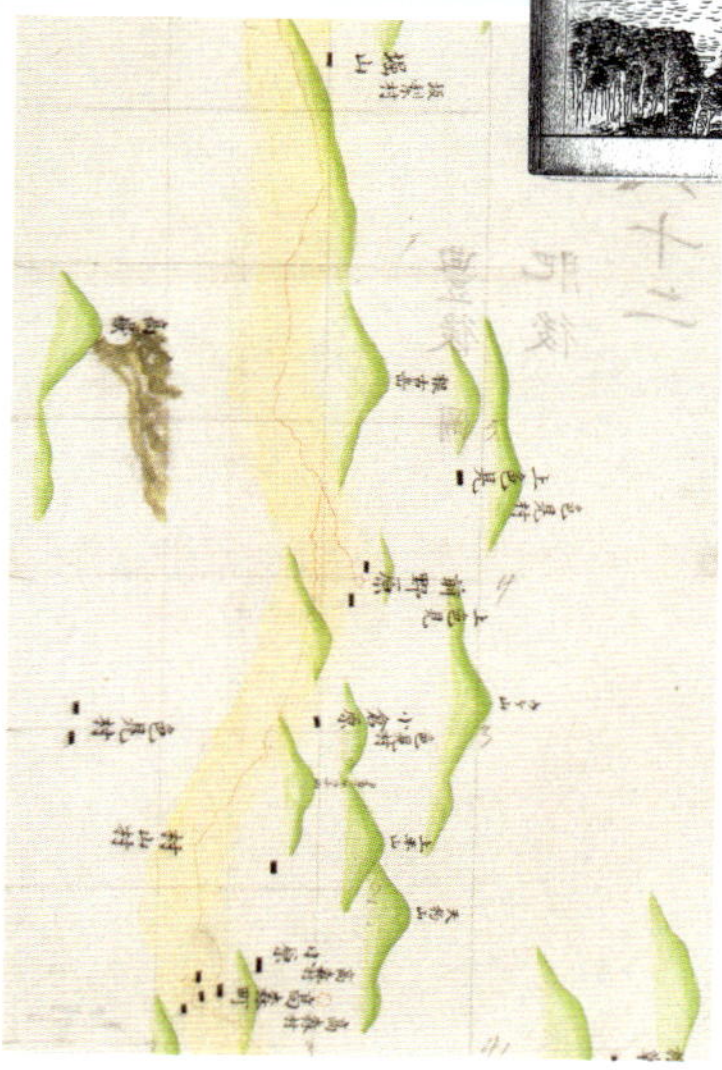
大図「第182号　肥後　豊後　岡」。阿蘇山最高峰の高嶽の山頂の脇に噴煙が描かれている。国土地理院所蔵（米国彩色図p96参照）。

地図の絵から噴火の規模や種類はわかるものですか？

A 作られた経緯が明らかになれば、推測できるかもしれません

写真ならわかります。噴煙が黒っぽかったら噴出物がありそうだし、キノコのようなカサができていれば噴出が強いことがわかる。

でも、古地図の絵はどこまで写実的に描いているか判断がつかず、絵から推測するのはなかなかむずかしいのが現状です。

たとえば、江戸期の画家・谷文晁《ぶんちょう》の「日本名山図会」には、浅間山、雲仙岳などに噴煙が描かれています。谷文晁は実際に現地で山を見たといわれており、当時の絵としてはなかなか写実的です。でも噴煙まで写実的に描いたかどうかはわからない。人から話を聞いて想像で描いた可能性もある。大事なのは、その絵や地図がどう作られたかが明らかになること。どこまで写実的に描いたのか。実際に山を見た日はいつなのか。この点の研究が進めば、絵や地図を用いた研究はさらに有用なものになっていくと思います。

古地図にヒントを得て、噴火活動を発見されていますね

A 活火山ではないとされていた島で噴気活動を初観測しました

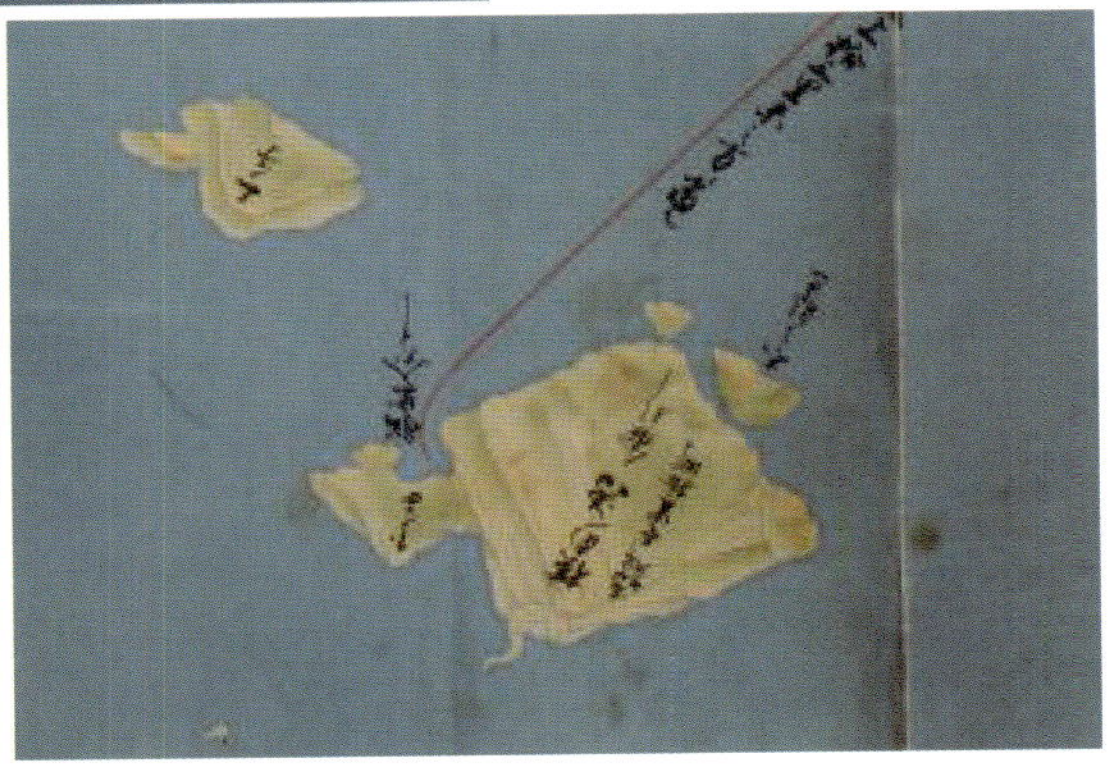

大隅国の元禄国絵図。いちばん南に「上ノ子島（上ノ根島）」と「横あて島（横当島）」が描かれ、横当島の山頂には噴煙が描かれている。国立公文書館所蔵。

元禄年間（1688〜1704年）後半に作られた大隅国の国絵図でトカラ列島を見ていたら、横当《よこあて》島に噴煙が描かれているのを見つけました。「あれ、横当島って気象庁認定の活火山にはなっていないなあ」と思って出かけてみることにしたんです。トカラ列島の山々は、薩摩や大隅を支配する島津氏にとって航海の目印だったようで、けっこうしっかりと描かれています。横当島は無人島なのですが、船をチャーターして上陸してみると噴気が上がっている。さらにとなりの上ノ《かんの》根《ね》島でも噴気を確認し、これが上ノ根島での噴気観測の最初の記録となりました。

伊能図にも、まだ発見されていない自然現象のヒントが隠されているかもしれません。

上ノ根島の遠景と噴気。及川輝樹ほか「トカラ列島南部、横当島、上ノ根島の噴気活動」（『火山』第58号、2013年、第4号）より。

津波工学

過去の地形を明らかにして、昔の津波の大きさを正しく把握する

Q1 伊能図をどのように使っていますか？

A 過去の海岸線を知ることができる第一級の史料として重宝しています

私は、津波の動きとそれが引き起こす被害について研究しています。自分の生きている間に大きな地震はそうそう起こらないので、過去の津波を調べることが必須です。現地に出かけて津波の痕跡を探したり、史料に残された被害記録を読んだりしています。伊能図は過去の地形を調べるためにたびたび参考にしてきました。

たとえば、和歌山県沿岸は、安政元（1854）年の「安政東海・南海地震」などで、たびたび津波の被害を受けていますが、当時と今では人工的に地形が変えられているところも多い。太地《たいじ》町もそのひとつで、江戸後期から埋め立てが進められ、向山という島が陸地化しました。現在はその埋め立て地に役場があり、周辺が市街化していて、島であった名残はまったくうかがえません。

安政の地震では、その埋め立て地の奥が大きな被害にあいました。史料には「北からも南からも波がやってきた」と書かれていますが、今の地図だけを見ていると、この記述はわけがわからないんです。でも、伊能図との比較図（左上）を見てみてください。向山が島であり、陸地と島の間に北からも南からも波が押し寄せてくるであろうこ

教えてくれたのは
今井健太郎先生
国立研究開発法人海洋研究開発機構（JAMSTEC）に所属。地震津波海域観測研究開発センターの地震発生帯モニタリング研究グループの技術研究員。

大図「第132号〔新宮　那智山〕」と「第140号〔紀伊　串本〕」。国土地理院所蔵（米国彩色図p96参照）。

『デジタル伊能図』で地理院地図を重ね合わせた太地町。青線が伊能図の海岸線。

とがわかります。

伊能図は細かく正確に地名を記していることもすばらしい。たとえば、太地の史料に「水浦は被害甚大」と書かれているのですが、「水浦」という地名が現代地図では使われていないため、どこだか探せない。もちろん現地に行って聞き取りなどをすれば探せますが、現地に行かずともすぐにその場所がわかります。

古地図があるからこそわかることはなんでしょうか？

A 地形が変わることによって、津波の高さや浸水域も変わることを実証できます

過去から現在へと地形の変化にともなって、どれくらい津波による被害は変わるのか。もう少し具体的に知りたくて、岩手県の宮古《みやこ》をモデルにして検証したことがあります。

宮古は三陸海岸のなかではとりわけ地形の変化が大きいエリアです。２０１１年の東日本大震災では、埋め立てでできた宮古港周辺に高い波が浸水しました。では、このような改変がなされる前の地形であったらどうだったか。私たちは、正保の国絵図（17世紀後半）や伊能図、陸地測量部の地形図（明治中期）などをもとに宮古の過去の地形を再現してみました。

この古地形に、２０１１年の東日本大震災のときの津波（津波の動きをシミュレーションしたモデル）をあてはめたところ海岸部は、埋め立てられていないぶん、高波の浸水域は狭くなっています。そのほかの地域でも、現在と過去とでは、津波の高さや浸水域に違いが出ることがわかりました。

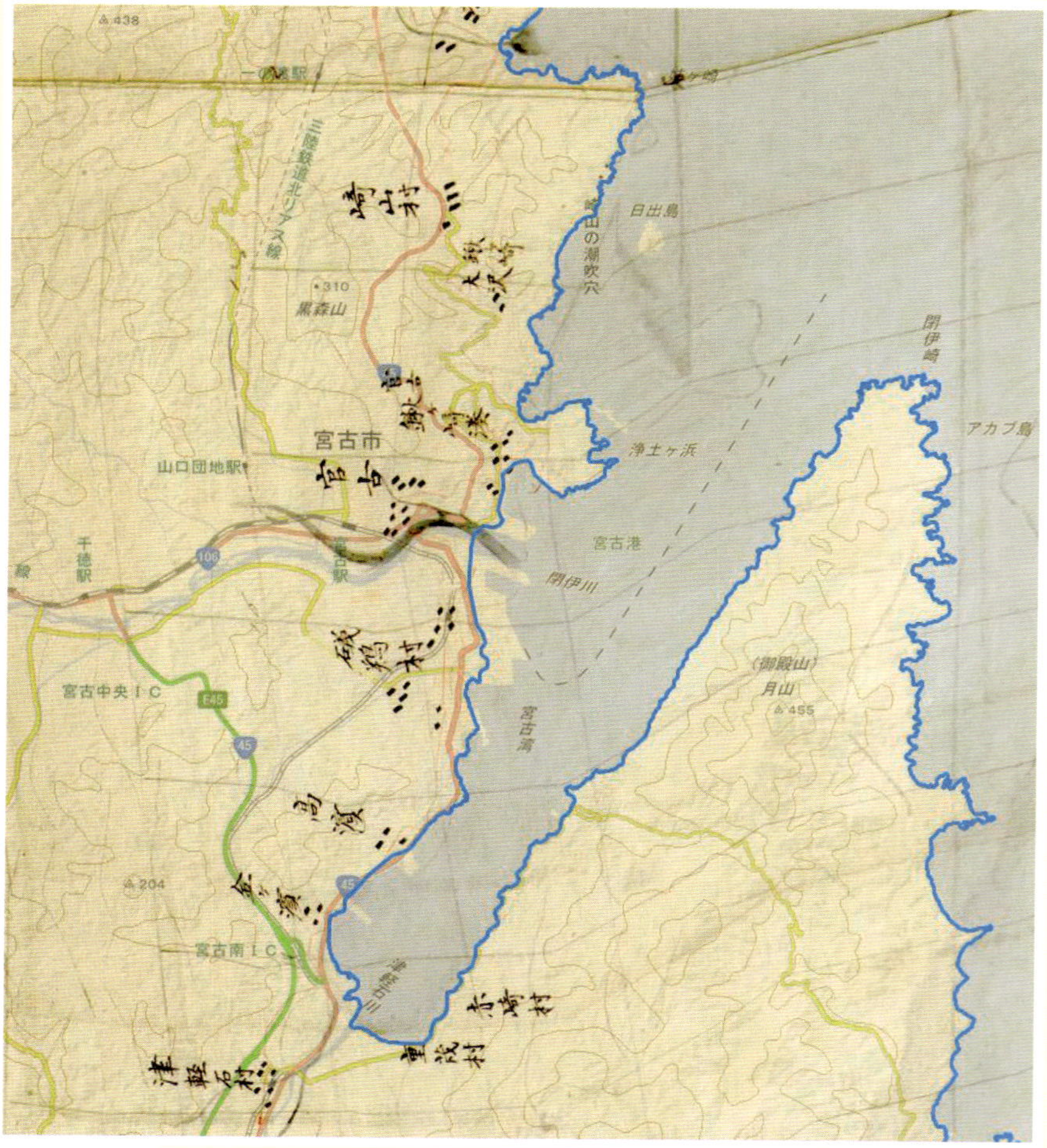

『デジタル伊能図』の大図「第46号　宮古」の宮古湾周辺。地理院地図を重ね合わせた。

右が宮古湾の古地形、左が現地形。赤が濃いほど津波が高く、青が濃いほど津波が低い。内陸部の河川沿いについては河川の流路の違いから、古地形のほうが浸水域が広い。今井健太郎ほか作成。

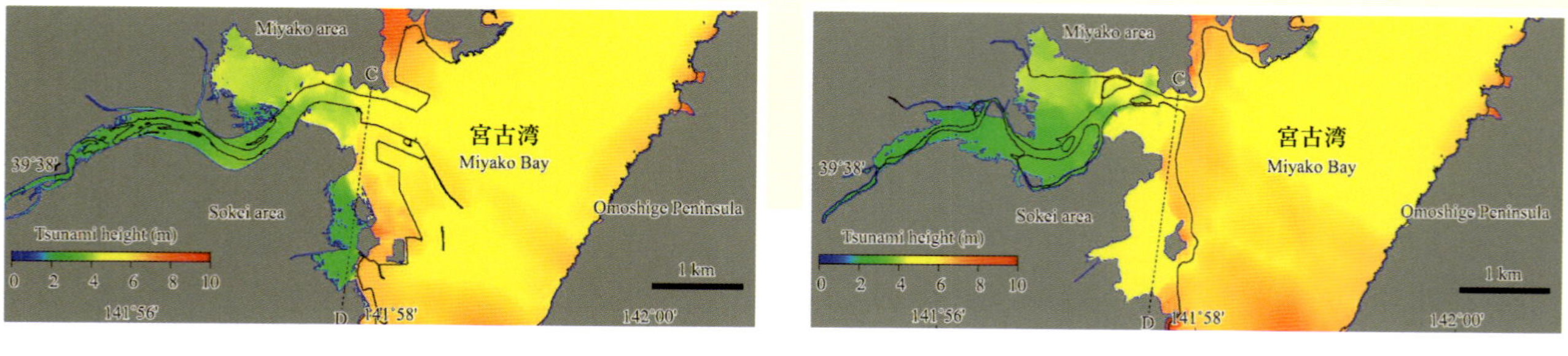

過去の津波の姿を知るために、伊能図はどの程度役に立つのでしょうか？

A 測量データなどと一緒に使うことで、津波の範囲や高さをシミュレーションできます

文化元（１８０４）年に秋田県の象潟《きさかた》で大きな地震が起こりました。この地震によって象潟が一夜にして陸地となってしまいました。

この地震の正体を明らかにするために、まずは、航空レーザーによる測量データ（ＤＥＭ）を用いて、現在の象潟の標高値を参照しました。

次に、伊能図や先行する研究を参照しつつ、現地でかつての湖岸線や海岸線の跡（水田のきわなど）を探し出して、ＧＰＳ測量で詳細な標高値を計測しました。湖岸線の高さは平均海面の高さに近かったはずなので、現在の地面の高さとの差が地震で変動した高低差になるわけです。この値の分布から、南南西にいくほど土地が隆起したことがわかりました（最高４ｍ）。これは震源が湖よりも南西～南南西方向に存在したことを示唆しています。

秋田から山形にかけては、この地震による津波の痕跡がわかる場所が５点ほどあり、津波の高さと地震による地面の高低差の分布で津波の波源を推定することができます。

こういった調査を積みかさねた結果、象潟のすぐ沖にある東傾斜の逆断層から、マグニチュード７．１の地震が発生し、津波は沖の飛島《とび》ではねかえって酒田あたりにピンポイントで直撃した、ということを明らかにできました。象潟地震の正体をここまで明らかにしたのは初めてです。

同じ地域で同じ地震は起こりにくいのですが、日本海の違う場所で起こる可能性はあります。私たちの伊能図を利用した地震津波研究の取り組みは、日本海沿岸のみならず、南海トラフ巨大地震をはじめ全国の地震津波防災に役立つのではないかと思っています。

『デジタル伊能図』の大図「第64号　横手・湯沢」の象潟周辺。地理院地図を重ね合わせた。地震前の象潟は奥羽の景勝地として松島と並び称されていた（p28～29も参照）。

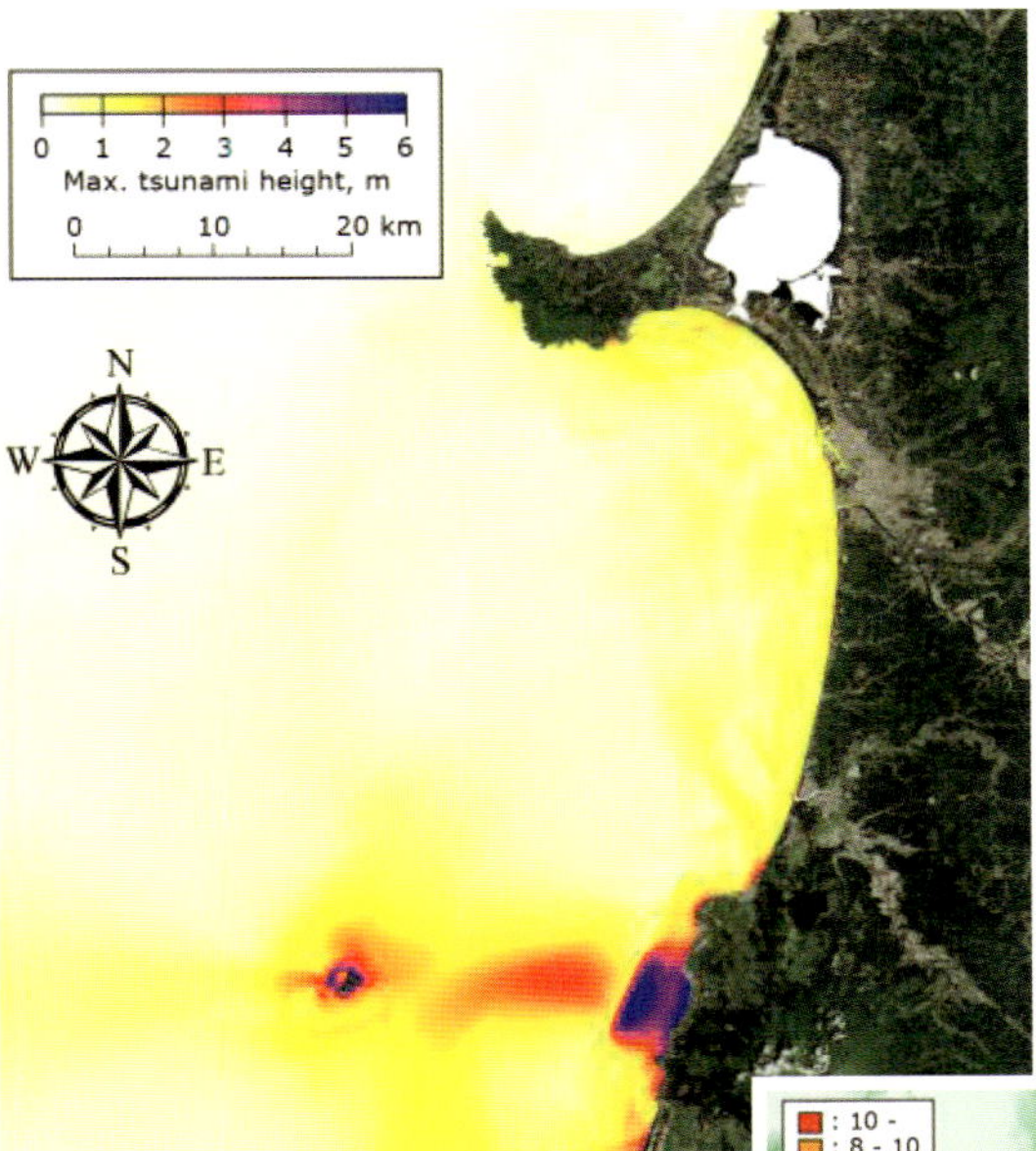

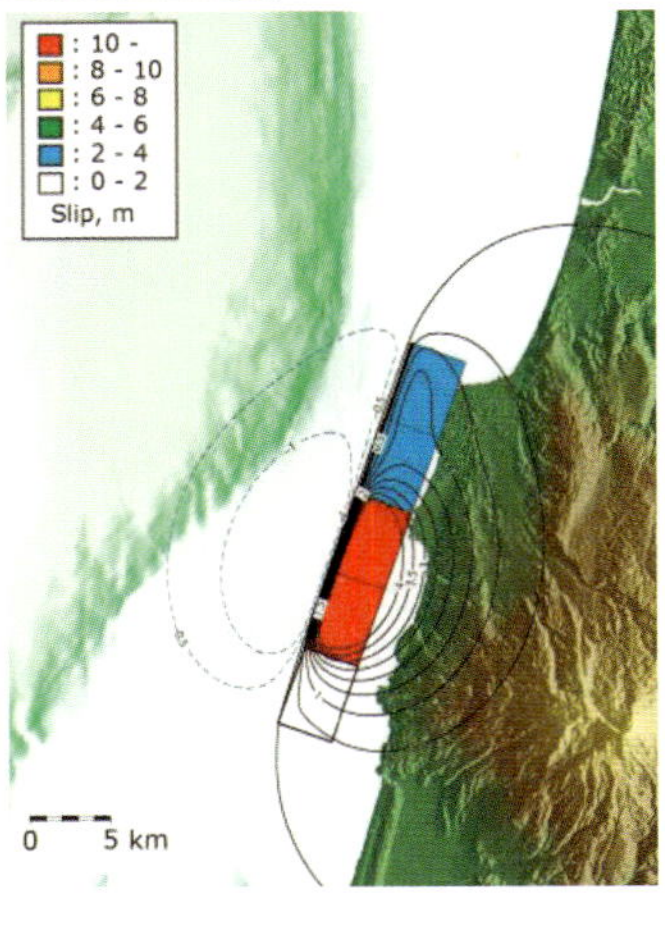

右は推定される断層の姿。上は推定される津波の範囲と高さ。青が濃いほど津波が高い。今井健太郎ほか作成。

モリナガ・ヨウ

1966年生まれ。イラストレーター、絵本作家。早稲田大学教育学部地理歴史専修卒。著書に『築地市場 絵でみる魚市場の一日』『図解絵本　東京スカイツリー』『迷宮歴史倶楽部』『はしれ！こうそくどうろ』など多数。

主な参考文献

『図説　伊能忠敬の地図をよむ　改訂増補版』
渡辺一郎、鈴木純子著、河出書房新社、2010年
『伊能図大全　全7巻』渡辺一郎監修、河出書房新社、2013年
『伊能大図総覧』渡辺一郎監修、
財団法人日本地図センター編著、河出書房新社、2006年
『デジタル伊能図』（DVD）村山祐司監修、河出書房新社、2015年
『調べる学習百科　伊能忠敬　歩いてつくった日本地図』
国松俊英著、岩崎書店、2016年
『別冊太陽　伊能忠敬　歩いて日本地図をつくった男』
星埜由尚監修、平凡社、2018年
『伊能忠敬の足跡をたどる』星埜由尚著、日本測量協会、2018年
『日本列島100万年史』
山崎晴雄、久保純子著、講談社ブルーバックス、2017年
『日本の島ガイド　SHIMADAS（シマダス）　第2版』
公益財団法人日本離島センター編、2004年
『InoPedia　伊能忠敬e資料館』https://www.inopedia.tokyo/
そのほか、各自治体や各地の資料館、博物館のホームページを参照した。

地図の出典について

- p22～23「第5号〔標別〕」「第6号〔根室　西別〕」、p24～25「第18号〔江別〕」：From the collection of the Geography and Map Division, Library of congress, Washington. D.C. U.S.A.国土地理院所有「伊能大図（米国）図版データ」使用
- Part3（p76～95）の『デジタル伊能図』の画像：From the collection of the Geography and Map Division, Library of congress, Washington. D.C. U.S.A.国土地理院所有「伊能大図（米国）図版データ」使用
©東京カートグラフィック2015、©河出書房新社2015
- 「国土地理院による彩色図」および「米国彩色図」と表記した地図の彩色の経緯は以下のとおり。平成13（2001）年にアメリカ議会図書館で207枚の大図が発見された。この大図は、国土地理院の前身である参謀本部陸地測量部が「輯製二十万分之一図」を作成するための骨格的基図として模写したものと考えられている。これらのアメリカ大図を床に広げて展示するというアイデアが生まれ、デジタルデータにしたものを原寸大で出力して展示することになった。アメリカ大図は大部分が無彩色に近く地味なため、彩色を施した。
- その他の地図については、p21とそれぞれの地図のキャプションに出典を記した。

協力：伊能忠敬記念館
監修（Part2）：星埜由尚

スタッフ

デザイン：嘉生健一
地図（p8）：河合理佳
編集：株式会社デコ（大塚真）

図書館版《としょかんばん》

伊能図探検《いのうずたんけん》

伝説《でんせつ》の古地図《こちず》を200倍楽《ばいたの》しむ

2018年9月30日　初版発行
2019年1月30日　2刷発行

編　者	河出書房新社編集部
絵	モリナガ・ヨウ
発行者	小野寺優
発行所	株式会社河出書房新社
	〒151-0051
	東京都渋谷区千駄ヶ谷2-32-2
	電話03-3404-1201（営業）
	03-3404-8611（編集）
	http://www.kawade.co.jp/
印刷・製本	図書印刷株式会社

Printed in Japan
ISBN978-4-309-22745-0